NE 능률

기본 연산
Check-Book

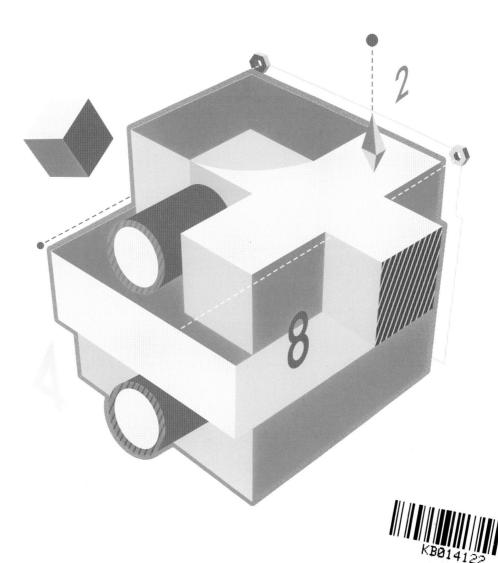

소항 호

100까지의 수, 1000까지의 수

100까지의 수

①

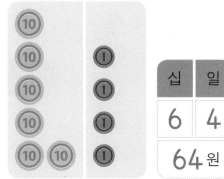

십	일
6	4
64원	

②

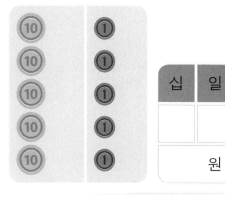

십	일
원	

③

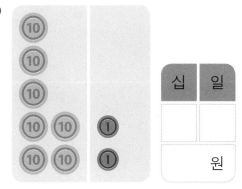

십	일
원	

④

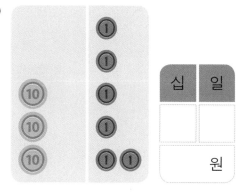

십	일
원	

⑤

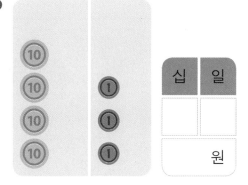

십	일
원	

⑥

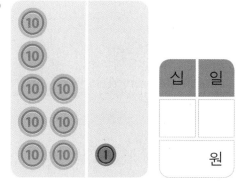

십	일
원	

⑦

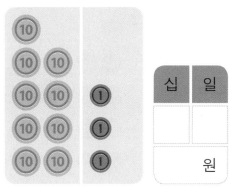

십	일
원	

⑧

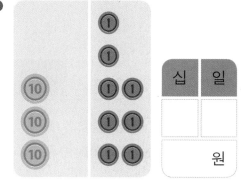

십	일
원	

⑨
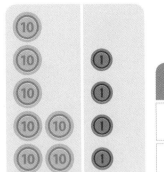

십	일
원	

⑩
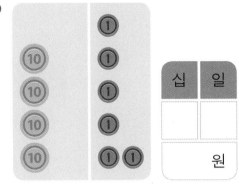

십	일
원	

⑪
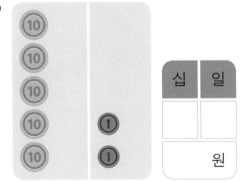

십	일
원	

⑫
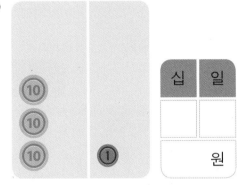

십	일
원	

⑬
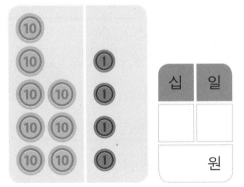

십	일
원	

⑭
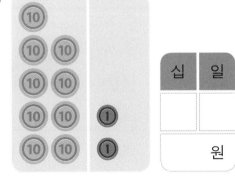

십	일
원	

⑮
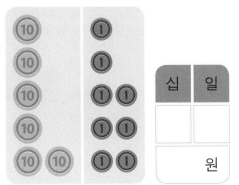

십	일
원	

⑯
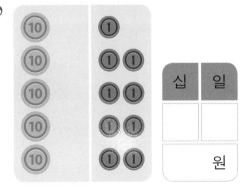

십	일
원	

① 52 53 54 55

② 41 42 ☐ 44

③ 65 66 67 ☐

④ 78 79 ☐ 81

⑤ 82 83 84 ☐

⑥ 37 38 ☐ 40

⑦ 95 96 97 ☐

⑧ 71 72 ☐ 74

⑨ 54 55 56 ☐

⑩ 28 29 ☐ 31

⑪ 72 73 74 ☐

⑫ 62 63 ☐ 65

⑬ 89 90 91 ☐

⑭ 46 47 ☐ 49

⑮ 40 41 42 ☐

⑯ 50 51 ☐ 53

⑰ | 45 | 44 | 43 | [ ] |

⑱ | 77 | 76 | [ ] | 74 |

⑲ | 68 | 67 | 66 | [ ] |

⑳ | 57 | 56 | [ ] | 54 |

㉑ | 87 | 86 | 85 | [ ] |

㉒ | 26 | 25 | [ ] | 23 |

㉓ | 48 | 47 | 46 | [ ] |

㉔ | 86 | 85 | [ ] | 83 |

㉕ | 65 | 64 | 63 | [ ] |

㉖ | 57 | 56 | [ ] | 54 |

㉗ | 34 | 33 | 32 | [ ] |

㉘ | 39 | 38 | [ ] | 36 |

㉙ | 70 | 69 | 68 | [ ] |

㉚ | 41 | 40 | [ ] | 38 |

㉛ | 90 | 89 | 88 | [ ] |

㉜ | 81 | 80 | [ ] | 78 |

자르는 선

①

②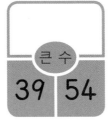

③

④

⑤

⑥

⑦

⑧

⑨

⑩

⑪

⑫

⑬

⑭

⑮

⑯

⑰

⑱

⑲

⑳

자르는 선

㉑

㉒

㉓

㉔

㉕

㉖

㉗

㉘

㉙

㉚

㉛

㉜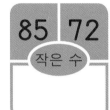

㉝

㉞

㉟

㊱

㊲

㊳

㊴

수 배열표

❶

43	44	45
53	54	55
63	64	65

❷

72	73	
82	83	

❸

28	29	
38	39	

❹

52	53	
62	63	

❺

67	68	
77	78	

❻

37	38	
47	48	

❼

46	47	
56	57	

❽

21	22	
31	32	

❾

72	73	
82	83	

❿

63	64	
73	74	

⓫

15	16	
25	26	

⓬

38	39	
48	49	

자르는 선

⑬

57	58	59
67	68	69
77	78	79

⑭

46		
		58
	67	68

⑮

76		
		88
	97	98

⑯

28		
		40
	49	50

⑰

15		
		27
	36	37

⑱

45		
		57
	66	67

⑲

31		
		43
	52	53

⑳

65		
		77
	86	87

㉑

13		
		25
	34	35

㉒

24		
		36
	45	46

㉓

54		
		66
	75	76

㉔

64		
		76
	85	86

자르는 선

수 만들기

❶

십	일	몇십 몇
1	2	12
	4	14
2	1	21
	4	24
4	1	41
	2	42

(1)

(2)

(4)

❷

십	일	몇십 몇
6	7	
	9	
7	6	
	9	
9	6	
	7	

(6)

(7)

(9)

❸

십	일	몇십 몇
3	5	
	7	
5	3	
	7	
7	3	
	5	

(3)

(5)

(7)

❹

십	일	몇십 몇
2	5	
	8	
5	2	
	8	
8	2	
	5	

(2)

(5)

(8)

자르는 선

❺

	십	일	몇십 몇
4	4	7 → ☐
		8 → ☐
7	7	4 → ☐
		8 → ☐
8	8	4 → ☐
		7 → ☐

❻

	십	일	몇십 몇
5	5	7 → ☐
		9 → ☐
7	7	5 → ☐
		9 → ☐
9	9	5 → ☐
		7 → ☐

❼

	십	일	몇십 몇
2	2	3 → ☐
		5 → ☐
3	3	2 → ☐
		5 → ☐
5	5	2 → ☐
		3 → ☐

❽

	십	일	몇십 몇
3	3	7 → ☐
		8 → ☐
7	7	3 → ☐
		8 → ☐
8	8	3 → ☐
		7 → ☐

조건과 수

① 60보다 크고 70보다 작습니다.

57   58   ⑥1   ⑥2
⑥5   ⑥7   70   73

② 홀수

51   61   62   64
65   71   74   82

③ 일의 자리 숫자와 십의 자리 숫자가 같습니다.

21   35   44   57
66   77   83   99

④ 30보다 크고 40보다 작습니다.

25   35   36   37
39   40   45   47

⑤ 짝수

31   36   46   58
61   67   72   81

⑥ 일의 자리 숫자가 십의 자리 숫자보다 큽니다.

24   31   45   55
63   78   89   94

⑦ 80보다 큽니다.

51   69   75   80
87   90   93   99

⑧ 일의 자리 숫자가 5보다 작습니다.

21   32   48   55
67   82   91   97

자르는 선

⑨

50보다 크고 80보다 작습니다.

| 31 | 46 | 50 | 57 |
| 61 | 69 | 76 | 80 |

⑩

짝수

| 24 | 31 | 35 | 38 |
| 40 | 49 | 57 | 68 |

⑪

일의 자리 숫자가 십의 자리 숫자
보다 작습니다.

| 35 | 42 | 47 | 55 |
| 63 | 69 | 72 | 75 |

⑫

30보다 작습니다.

| 15 | 17 | 27 | 29 |
| 38 | 41 | 62 | 74 |

⑬

홀수

| 51 | 72 | 81 | 87 |
| 88 | 93 | 94 | 96 |

⑭

일의 자리 숫자가 5보다 큽니다.

| 27 | 35 | 42 | 49 |
| 55 | 63 | 78 | 86 |

⑮

40보다 크고 60보다 작습니다.

| 38 | 40 | 41 | 49 |
| 50 | 59 | 60 | 96 |

⑯

일의 자리 숫자와 십의 자리 숫자
가 같습니다.

| 11 | 22 | 34 | 46 |
| 57 | 65 | 77 | 99 |

자르는 선

1000까지의 수 (1)

❶

563 원

❷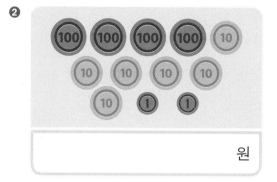

원

❸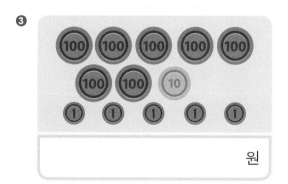

원

❹

원

❺

원

❻

원

❼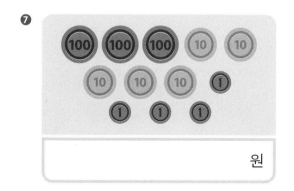

원

❽

원

⑨

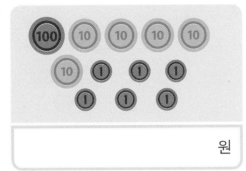

원

⑩

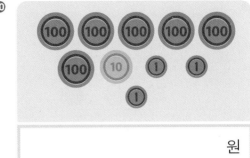

원

⑪

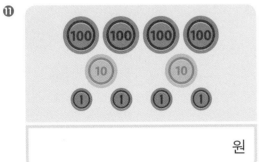

원

⑫

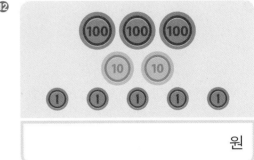

원

⑬

원

⑭

원

⑮

원

⑯

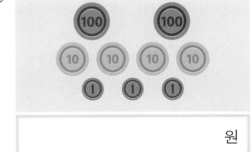

원

자르는 선

❶ 1 작은 수 　　　　　 1 큰 수

1 작은 수		1 큰 수
214	215	216
309	310	311
416	417	418

❷ 10 작은 수 　　　　　 10 큰 수

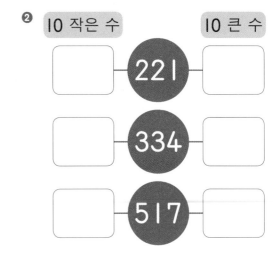

10 작은 수		10 큰 수
	221	
	334	
	517	

❸ 1 작은 수 　　　　　 1 큰 수

1 작은 수		1 큰 수
	219	
	321	
	435	

❹ 10 작은 수 　　　　　 10 큰 수

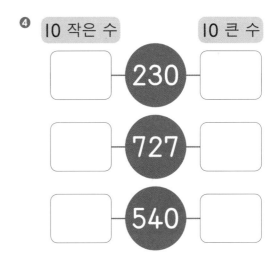

10 작은 수		10 큰 수
	230	
	727	
	540	

❺ 1 작은 수 　　　　　 1 큰 수

1 작은 수		1 큰 수
	632	
	729	
	843	

❻ 10 작은 수 　　　　　 10 큰 수

10 작은 수		10 큰 수
	742	
	818	
	649	

❼ 10 작은 수 / 10 큰 수
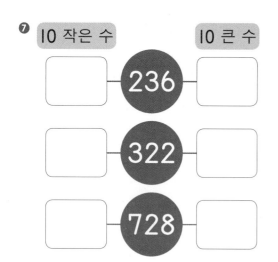

❽ 100 작은 수 / 100 큰 수
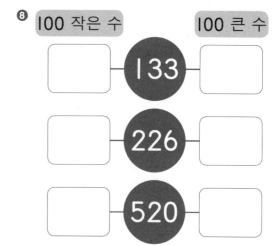

❾ 10 작은 수 / 10 큰 수
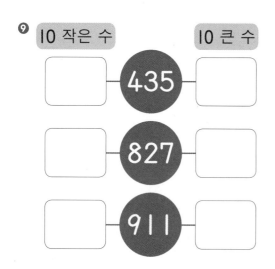

❿ 100 작은 수 / 100 큰 수
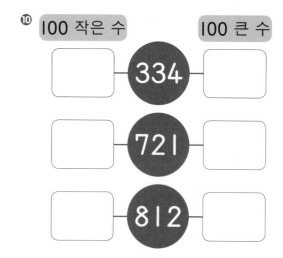

⓫ 10 작은 수 / 10 큰 수
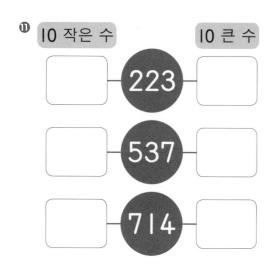

⓬ 100 작은 수 / 100 큰 수
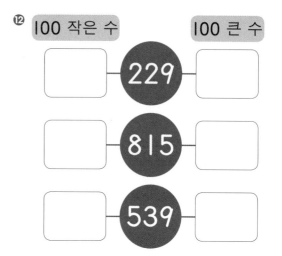

자르는 선

정 답

1주 100까지의 수
1~2쪽

❶ 6, 4, 64 ❷ 5, 5, 55 ❸ 7, 2, 72 ❹ 3, 6, 36 ❺ 4, 3, 43 ❻ 8, 1, 81
❼ 9, 3, 93 ❽ 3, 8, 38 ❾ 7, 4, 74 ❿ 4, 6, 46 ⓫ 5, 2, 52 ⓬ 3, 1, 31
⓭ 8, 4, 84 ⓮ 9, 2, 92 ⓯ 6, 8, 68 ⓰ 5, 9, 59

2주 수의 순서와 뛰어 세기
3~4쪽

❶ 55 ❷ 43 ❸ 68 ❹ 80 ❺ 85 ❻ 39 ❼ 98 ❽ 73 ❾ 57 ❿ 30 ⓫ 75 ⓬ 64
⓭ 92 ⓮ 48 ⓯ 43 ⓰ 52 ⓱ 42 ⓲ 75 ⓳ 65 ⓴ 55 ㉑ 84 ㉒ 24 ㉓ 45 ㉔ 84
㉕ 62 ㉖ 55 ㉗ 31 ㉘ 37 ㉙ 67 ㉚ 39 ㉛ 87 ㉜ 79

3주 수의 크기
5~6쪽

❶ 34 ❷ 54 ❸ 23 ❹ 55 ❺ 52 ❻ 70 ❼ 50 ❽ 39 ❾ 56 ❿ 55 ⓫ 68 ⓬ 65
⓭ 93 ⓮ 87 ⓯ 68 ⓰ 89 ⓱ 87 ⓲ 81 ⓳ 88 ⓴ 89 ㉑ 33 ㉒ 29 ㉓ 46 ㉔ 30
㉕ 57 ㉖ 41 ㉗ 42 ㉘ 73 ㉙ 87 ㉚ 61 ㉛ 65 ㉜ 72 ㉝ 64 ㉞ 63 ㉟ 82 ㊱ 36
㊲ 70 ㊳ 71 ㊴ 57 ㊵ 80

4주 수 배열표
7~8쪽

❶ 45, 55, 63, 64, 65 ❷ 74, 84, 92, 93, 94 ❸ 30, 40, 48, 49, 50 ❹ 54, 64, 72, 73, 74
❺ 69, 79, 87, 88, 89 ❻ 39, 49, 57, 58, 59 ❼ 48, 58, 66, 67, 68 ❽ 23, 33, 41, 42, 43
❾ 74, 84, 92, 93, 94 ❿ 65, 75, 83, 84, 85 ⓫ 17, 27, 35, 36, 37 ⓬ 40, 50, 58, 59, 60
⓭ 58, 59, 67, 68, 77 ⓮ 47, 48, 56, 57, 66 ⓯ 77, 78, 86, 87, 96 ⓰ 29, 30, 38, 39, 48
⓱ 16, 17, 25, 26, 35 ⓲ 46, 47, 55, 56, 65 ⓳ 32, 33, 41, 42, 51 ⓴ 66, 67, 75, 76, 85
㉑ 14, 15, 23, 24, 33 ㉒ 25, 26, 34, 35, 44 ㉓ 55, 56, 64, 65, 74 ㉔ 65, 66, 74, 75, 84

5주 수 만들기
9~10쪽

❶ 12, 14, 21, 24, 41, 42 ❷ 67, 69, 76, 79, 96, 97 ❸ 35, 37, 53, 57, 73, 75
❹ 25, 28, 52, 58, 82, 85 ❺ 47, 48, 74, 78, 84, 87 ❻ 57, 59, 75, 79, 95, 97
❼ 23, 25, 32, 35, 52, 53 ❽ 37, 38, 73, 78, 83, 87

6주 조건과 수
11~12쪽

❶ 61, 62, 65, 67 ❷ 51, 61, 65, 71 ❸ 44, 66, 77, 99 ❹ 35, 36, 37, 39
❺ 36, 46, 58, 72 ❻ 24, 45, 78, 89 ❼ 87, 90, 93, 99 ❽ 21, 32, 82, 91
❾ 57, 61, 69, 76 ❿ 24, 38, 40, 68 ⓫ 42, 63, 72, 75 ⓬ 15, 17, 27, 29
⓭ 51, 81, 87, 93 ⓮ 27, 49, 78, 86 ⓯ 41, 49, 50, 59 ⓰ 11, 22, 77, 99

7주 1000까지의 수 (1)
13~14쪽

❶ 563 ❷ 462 ❸ 715 ❹ 624 ❺ 176 ❻ 221 ❼ 354 ❽ 624 ❾ 156 ❿ 613 ⓫ 424 ⓬ 325
⓭ 532 ⓮ 622 ⓯ 723 ⓰ 243

8주 1000까지의 수 (2)
15~16쪽

❶ 214, 216, 309, 311, 416, 418 ❷ 211, 231, 324, 344, 507, 527 ❸ 218, 220,
320, 322, 434, 436 ❹ 220, 240, 717, 737, 530, 550 ❺ 631, 633, 728, 730, 842,
844 ❻ 732, 752, 808, 828, 639, 659 ❼ 226, 246, 312, 332, 718, 738 ❽ 33,
233, 126, 326, 420, 620 ❾ 425, 445, 817, 837, 901, 921 ❿ 234, 434, 621, 821,
712, 912 ⓫ 213, 233, 527, 547, 704, 724 ⓬ 129, 329, 715, 915, 439, 639

사고셈

초등1 **3호**

이 책의 구성과 특징

생각의 힘을 키우는 사고(思考)셈은 1주 4개, 8주 32개의 사고력 유형 학습을 통해 수와 연산에 대한 개념의 응용력(추론 및 문제해결능력)을 키울 수 있도록 하였습니다.

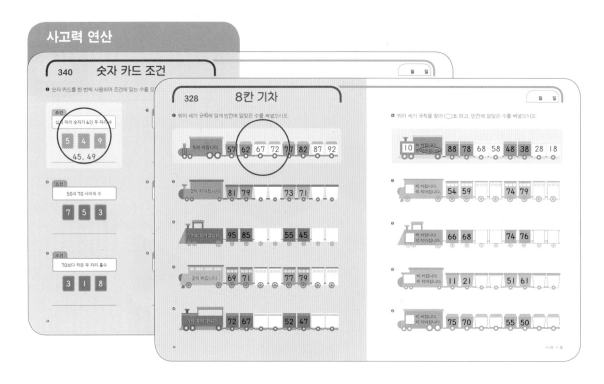

- ⊕ 대표 사고력 유형으로 연산 원리를 쉽게쉽게
- ⊕ 1~4일차: 다양한 유형의 주 진도 학습

잘 공부했는지 알아봅시다.

⊕ 5일차 점검 학습: 주 진도 학습 확인

권두부록 (기본연산 Check-Book)

기본연산 Check-Book

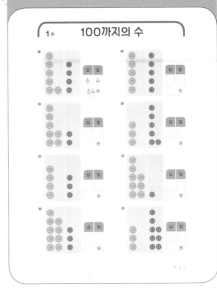

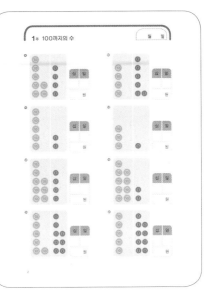

◈ 본 학습 전 기본연산 실력 진단

권말부록 (G-Book)

Guide Book(정답 및 해설)

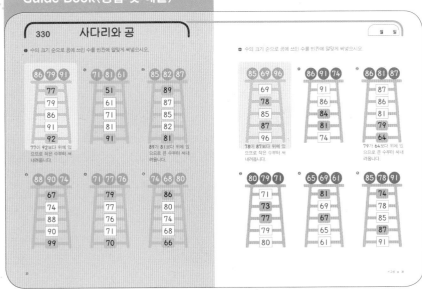

◈ 문제와 답을 한 눈에!

◈ 상세한 풀이와 친절한 해설, 답

학습 효과 및 활용법

 학습 효과

수학적 사고력 향상

생각의 다양성 향상

스스로 생각을 만드는 직관 학습

추론능력, 문제해결력 향상

연산의 원리 이해

수·연산 영역 완벽 대비

다양한 유형으로 수 조작력 향상

진도 학습 및 점검 학습으로
연산 학습 완성

사고셈

주차별 활용법

1단계
기본연산
Check-Book으로
준비 학습

2단계
사고력 유형으로
진도 학습

3단계
마무리 문제로
점검 학습

1단계 : 기본연산 Check-Book으로 사고력 연산을 위한 준비 학습을 합니다.
2단계 : 사고력 유형으로 사고력 연산의 진도 학습을 합니다.
3단계 : 한 주마다 점검 학습(잘 공부했는지 알아봅시다)으로 사고력 향상을 확인합니다.

학습 구성

이 책의 학습 로드맵

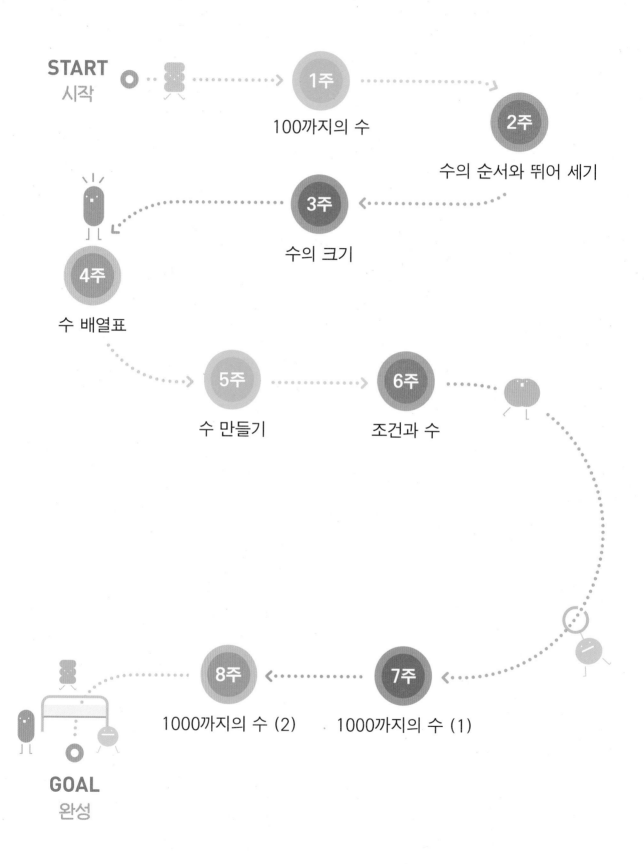

START
시작

1주
100까지의 수

2주
수의 순서와 뛰어 세기

3주
수의 크기

4주
수 배열표

5주
수 만들기

6주
조건과 수

7주
1000까지의 수 (1)

8주
1000까지의 수 (2)

GOAL
완성

1 100까지의 수

묶음과 낱개

● 그림을 보고 빈칸에 알맞은 수를 써넣으시오.

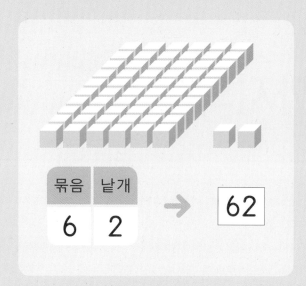

묶음	낱개
6	2

→ 62

❶

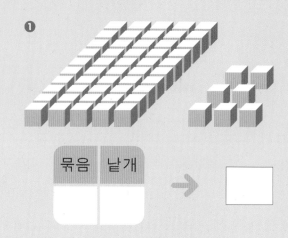

묶음	낱개

→ ☐

❷

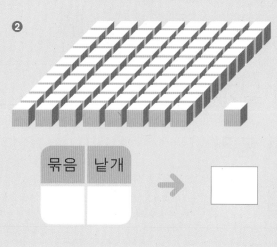

묶음	낱개

→ ☐

❸

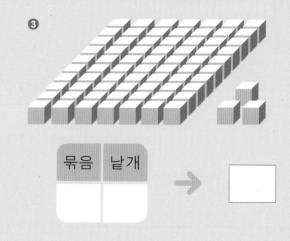

묶음	낱개

→ ☐

❹

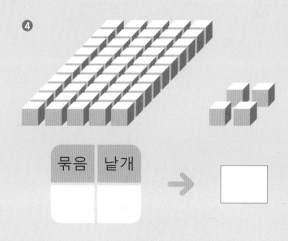

묶음	낱개

→ ☐

❺

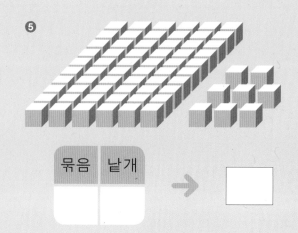

묶음	낱개

→ ☐

✚ 빈칸에 알맞은 수를 써넣으시오.

10개씩 6묶음과 낱개가 1개이면 61 입니다.

묶음	낱개
6	1

→ 61

❶ 77은 10개씩 ☐묶음과 낱개가 ☐개 입니다.

묶음	낱개

→ ☐

❷ 10개씩 ☐묶음과 낱개가 ☐개이면 56입니다.

묶음	낱개

→ ☐

❸ ☐는 10개씩 9묶음과 낱개가 4개 입니다.

묶음	낱개

→ ☐

❹ 10개씩 8묶음과 낱개가 3개이면 ☐ 입니다.

묶음	낱개

→ ☐

❺ ☐는 10개씩 7묶음과 낱개가 5개 입니다.

묶음	낱개

→ ☐

지갑 속 동전

● 얼마입니까?

97 원

①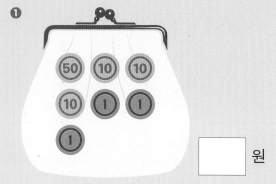

◻ 원

②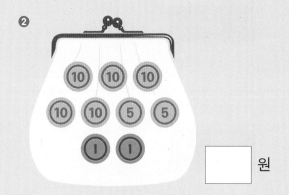

◻ 원

③

◻ 원

④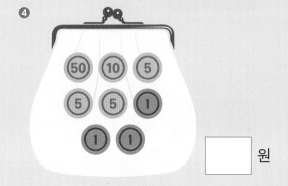

◻ 원

⑤

◻ 원

● 금액을 보고 동전의 개수에 맞게 50, 10, 5, 1을 알맞게 써넣으시오.

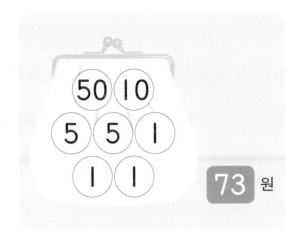

73 원

❶

65 원

❷

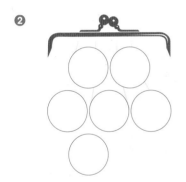

59 원

❸

68 원

❹

95 원

❺

100 원

가지 읽기

● 선으로 연결된 수를 빈칸에 써넣으시오.

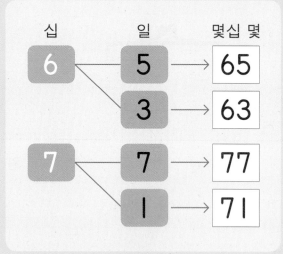

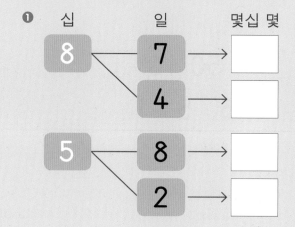

❷

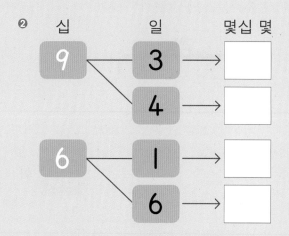

❸

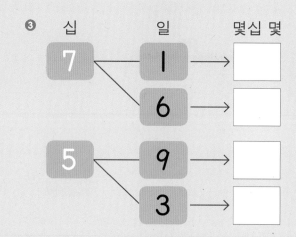

❹

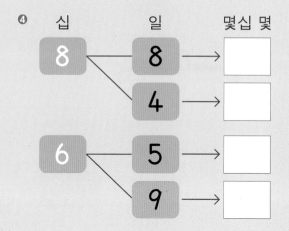

❺

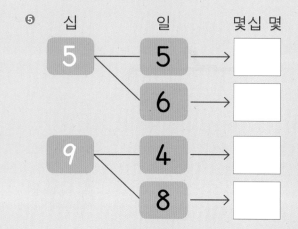

✛ 선으로 연결된 수를 읽고, 빈칸에 알맞은 수를 써넣으시오.

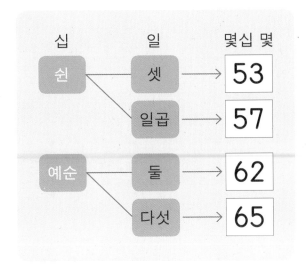

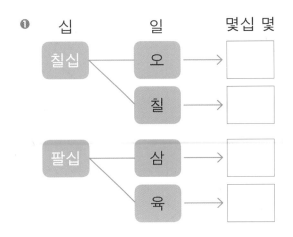

❶

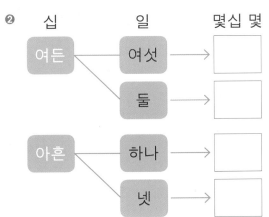

❷

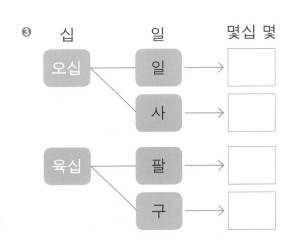

❸

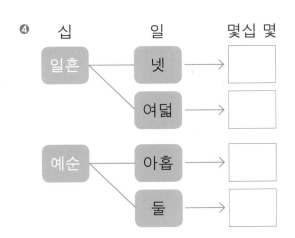

❹

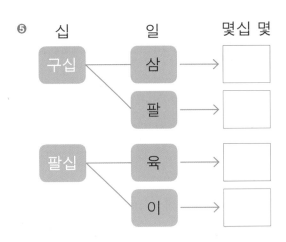

❺

자동차 길

◑ 관계 있는 것끼리 선으로 이으시오.

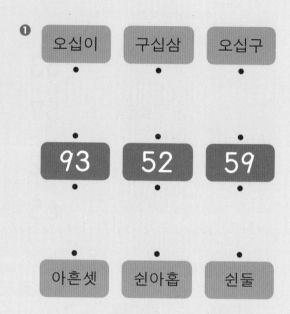

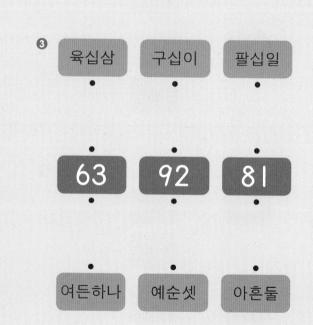

✚ 바르게 읽어 선을 그으시오.

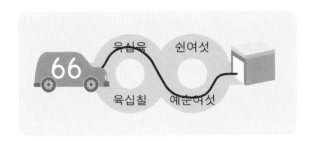

❶
칠십사   여든일곱
칠십삼   일흔셋

❷
육십구   쉰여덟
오십팔   예순여덟

❸
구십구   아흔아홉
구십팔   일흔아홉

❹
팔십오   여든다섯
팔십육   아흔다섯

❺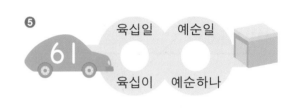
육십일   예순일
육십이   예순하나

❻
칠십구   칠십아홉
구십칠   일흔아홉

❼
오십오   쉰넷
오십사   쉰사

❽
구십이   아흔둘
구십삼   아흔이

❾
구십팔   여든팔
팔십팔   여든여덟

잘 공부했는지 알아봅시다

1 □ 안에 알맞은 수를 써넣으시오.

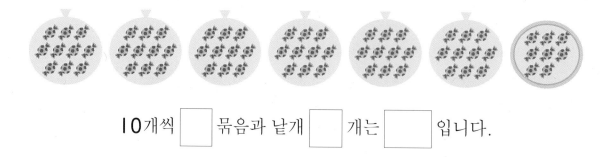

10개씩 □ 묶음과 낱개 □ 개는 □ 입니다.

2 선으로 연결된 수를 읽고, 빈칸에 알맞은 수를 써넣으시오.

3 관계 있는 것끼리 선으로 이으시오.

수의 순서와
뛰어 세기

수 잇기

● 큰 수 또는 작은 수부터 수의 순서에 맞게 차례로 선을 이으시오.

시작 77 76
78 79
75 80 끝

❶ 시작 80 81
84 82
79 83 끝

❷ 시작 69 68
70 67
71 72 끝

❸ 시작 50 51
54 52
55 53 끝

❹ 시작 95 99
96 97
100 98 끝

❺ 시작 63 62
64 68
65 66 끝

시작 84 83
75 82
79 81 끝

❻ 시작 59 60
58 61
57 56 끝

❼ 시작 78 88
77 76
67 75 끝

❽ 시작 91 93
90 89
94 88 끝

❾ 시작 63 65
62 64
61 60 끝

❿ 시작 71 70
72 69
73 68 끝

◐ 큰 수 또는 작은 수부터 수의 순서에 맞게 차례로 선을 이으시오.

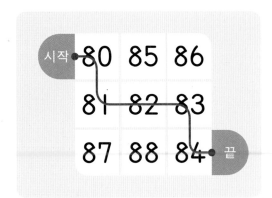

시작•	80	85	86
	81	82	83
	87	88	84 •끝

❶
시작•	59	58	60
	54	57	51
	53	56	55 •끝

❷
시작•	92	93	90
	91	94	98
	97	95	96 •끝

❸
시작•	64	59	58
	63	62	61
	57	56	60 •끝

❹
시작•	77	78	79
	75	76	80
	72	74	81 •끝

❺
시작•	85	75	76
	84	65	66
	83	82	81 •끝

❻
시작•	69	68	67
	70	71	68
	75	72	73 •끝

❼
시작•	91	90	86
	92	89	85
	93	88	87 •끝

큰 수 작은 수

● 빈칸에 알맞은 수를 써넣으시오.

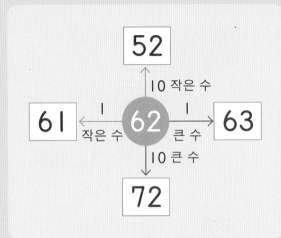

①

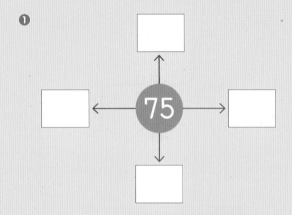

②

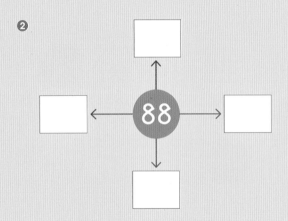

③

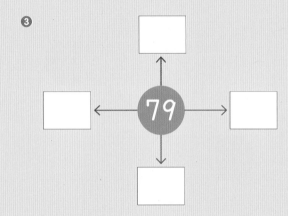

④

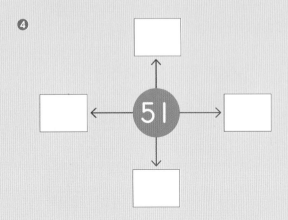

⑤

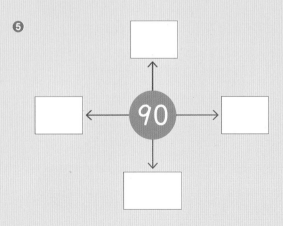

✚ 빈칸에 알맞은 수를 써넣으시오.

94는 $\boxed{93}$ 보다 1 크고, $\boxed{95}$ 보다 1 작습니다.

❶ $\boxed{}$ 은 70보다 1 크고, $\boxed{}$ 보다 1 작습니다.

❷ 68은 $\boxed{}$ 보다 10 크고, $\boxed{}$ 보다 10 작습니다.

❸ $\boxed{}$ 은 47보다 10 크고, $\boxed{}$ 보다 10 작습니다.

❹ 82는 $\boxed{}$ 보다 1 크고, $\boxed{}$ 보다 1 작습니다.

❺ $\boxed{}$ 은 $\boxed{}$ 보다 1 크고, 57보다 1 작습니다.

❻ 79는 $\boxed{}$ 보다 10 크고, $\boxed{}$ 보다 10 작습니다.

❼ $\boxed{}$ 는 $\boxed{}$ 보다 1 크고, 96보다 1 작습니다.

❽ 83은 $\boxed{}$ 보다 1 크고, $\boxed{}$ 보다 1 작습니다.

화살표 규칙

● 규칙에 맞게 빈칸에 알맞은 수를 써넣으시오.

규칙

| 큰 수 → | 작은 수 ← | ↓ 10 큰 수 | ↑ 10 작은 수 |

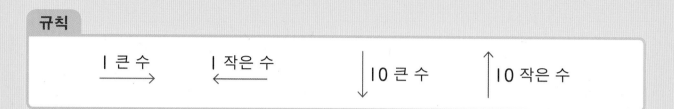

86 → 87

① 76 →

② 69 →

③ ← 55

④ ← 96

⑤ ← 61

⑥ 73 ↓

⑦ 51 ↓

⑧ 87 ↓

⑨ 70 ↓

⑩ ↑ 97

⑪ ↑ 85

⑫ ↑ 59

⑬ ↑ 66

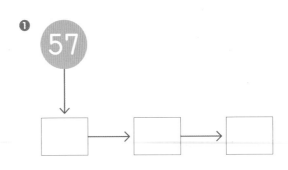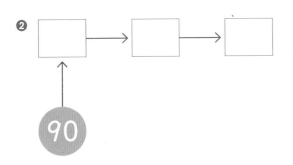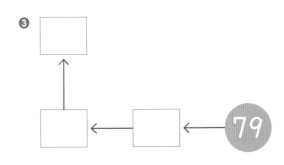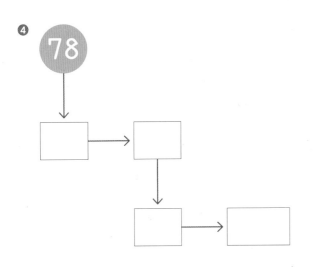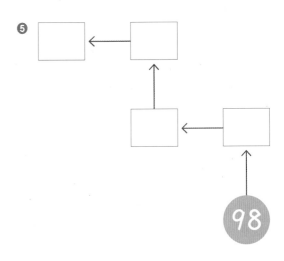

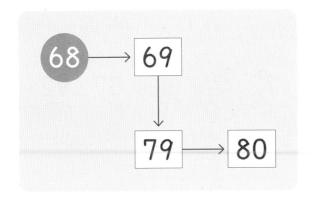

월   일

● 규칙에 맞게 빈칸에 알맞은 수를 써넣으시오.

❶

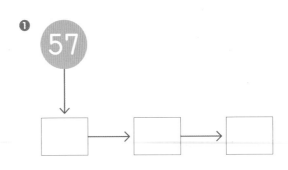

❷

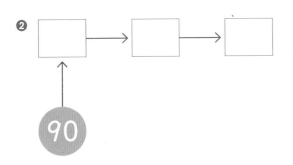

❸

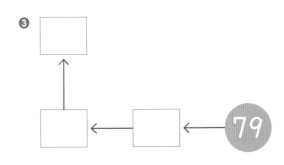

❹

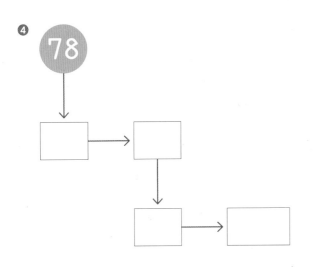

❺

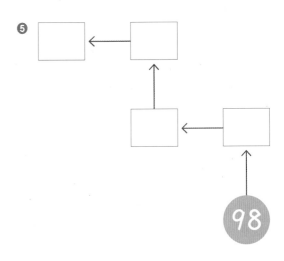

사고셈 ● 23

8칸 기차

뜨어 세기 규칙에 맞게 빈칸에 알맞은 수를 써넣으시오.

5씩 커집니다. 57 62 67 72 77 82 87 92

1

2씩 작아집니다. 81 79 □ □ 73 71 □ □

2

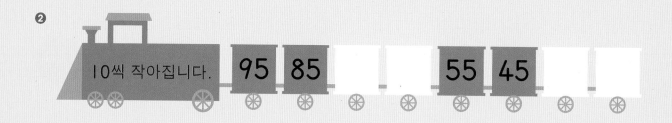

10씩 작아집니다. 95 85 □ □ 55 45 □ □

3

2씩 커집니다. 69 71 □ □ 77 79 □ □

4

5씩 작아집니다. 72 67 □ □ 52 47 □ □

뛰어 세기 규칙을 찾아 ◯표 하고, 빈칸에 알맞은 수를 써넣으시오.

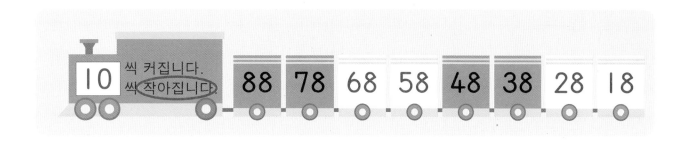

10 / 씩 커집니다. / ⟨씩 작아집니다.⟩ / 88 78 68 58 48 38 28 18

❶

씩 커집니다. / 씩 작아집니다. / 54 59 □ □ 74 79 □ □

❷

씩 커집니다. / 씩 작아집니다. / 66 68 □ □ 74 76 □ □

❸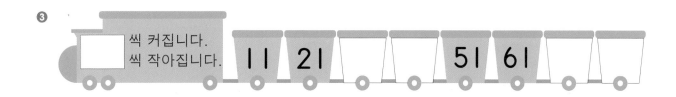

씩 커집니다. / 씩 작아집니다. / 11 21 □ □ 51 61 □ □

❹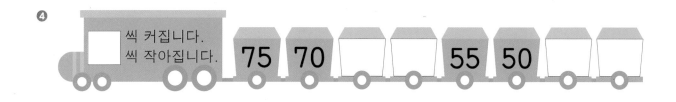

씩 커집니다. / 씩 작아집니다. / 75 70 □ □ 55 50 □ □

1 □ 안에 알맞은 수를 써넣으시오.

❶ 99보다 1 큰 수는 [ ] 입니다.

❷ 80보다 1 작은 수는 [ ] 입니다.

❸ 93과 96 사이에 있는 수는 [ ] , [ ] 입니다.

2 뛰어 세기 규칙에 맞게 빈칸에 알맞은 수를 써넣으시오.

10씩 커집니다.   27 [ ] [ ] 47 57 [ ] [ ] 77 [ ] [ ]

3 빈 곳에 알맞은 수를 써넣으시오.

51	65						97
52	64	68	80				99
53		69		85	95	100
54		70				
						93
	60		76	88	
57	58	73	74	75	89	91

3 수의 크기

팻말

● 팻말에 적힌 수를 ☐ 안에 쓰고, ◯ 안에 > 또는 <를 써넣으시오.

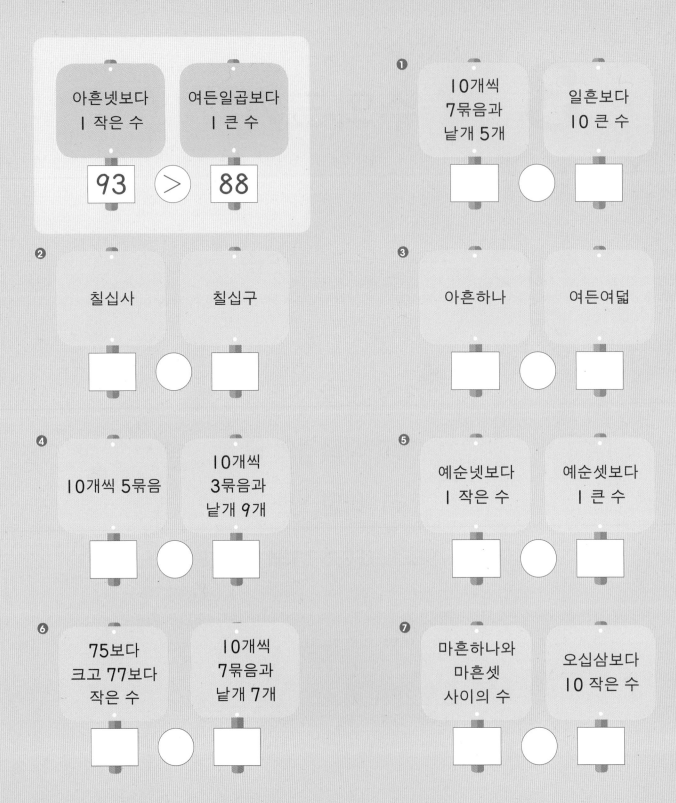

아흔넷보다 1 작은 수 · 여든일곱보다 1 큰 수

93 > 88

❶ 10개씩 7묶음과 낱개 5개 · 일흔보다 10 큰 수

❷ 칠십사 · 칠십구

❸ 아흔하나 · 여든여덟

❹ 10개씩 5묶음 · 10개씩 3묶음과 낱개 9개

❺ 예순넷보다 1 작은 수 · 예순셋보다 1 큰 수

❻ 75보다 크고 77보다 작은 수 · 10개씩 7묶음과 낱개 7개

❼ 마흔하나와 마흔셋 사이의 수 · 오십삼보다 10 작은 수

✚ 가장 큰 수에 ○표, 가장 작은 수에 △표 하시오.

68 75 △37 ○79

1 61 67 62 65

2 74 94 34 54

3 82 73 89 53

4
오십사	오십오
오십일	오십칠

5
여든여덟	여든일곱
여든둘	여든넷

6
육십칠	칠십이
육십구	팔십일

7
예순일곱	쉰아홉
일흔여섯	아흔하나

8
오십보다 일 큰 수
56과 58 사이의 수
40보다 10 큰 수
10개씩 4묶음과 낱개 9개

9
여든둘
일흔하나보다 십 큰 수
아흔넷보다 십 작은 수
일흔둘과 일흔넷 사이의 수

사다리와 공

● 수의 크기 순으로 공에 쓰인 수를 빈칸에 알맞게 써넣으시오.

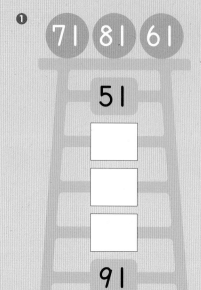

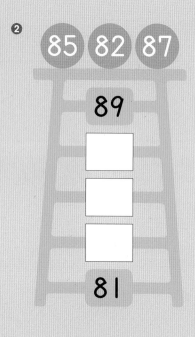

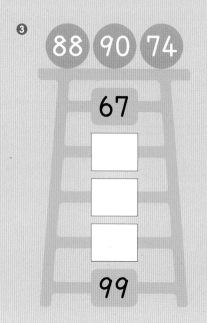

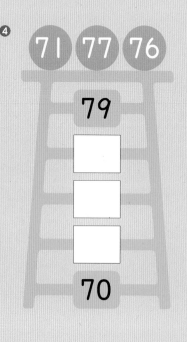

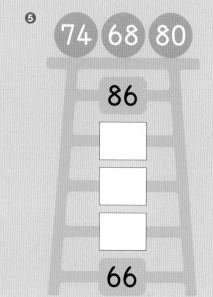

➕ 수의 크기 순으로 공에 쓰인 수를 빈칸에 알맞게 써넣으시오.

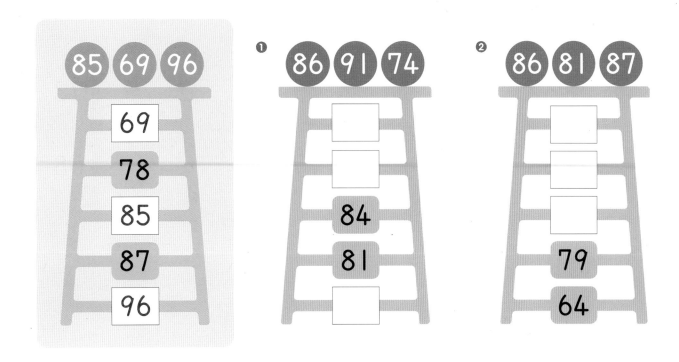

● 조건에 맞는 두 수에 ○표 하시오.

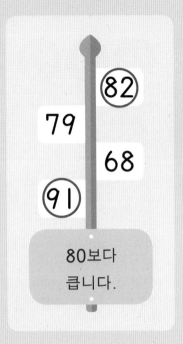

79　㉚　68　㉛

80보다
큽니다.

❶

69　86　77　73

75보다
작습니다.

❷

73　74　68　64

62와 70 사이
의 수입니다.

❸

67　81　63　74

70보다
작습니다.

❹

79　88　85　91

87보다
큽니다.

❺

76　82　87　71

75와 85 사이
의 수입니다.

⊕ 빈칸에 들어갈 수 있는 세 수에 ◯표 하시오.

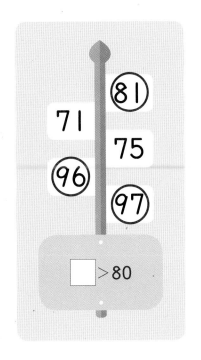

71   ⑧1
      75
⑨6   ⑨7

□ > 80

❶
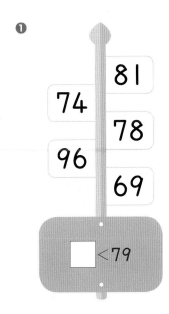

74   81
      78
96   69

□ < 79

❷
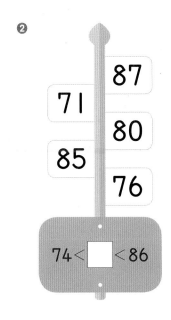

71   87
      80
85   76

74 < □ < 86

❸
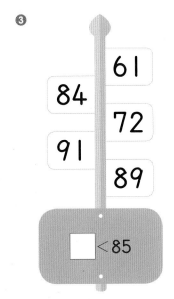

84   61
      72
91   89

□ < 85

❹
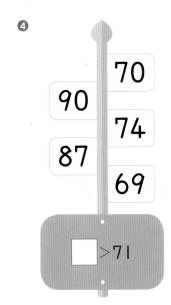

90   70
      74
87   69

□ > 71

❺
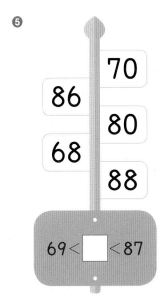

86   70
      80
68   88

69 < □ < 87

대소 네모

● □ 안에 들어갈 수 있는 숫자에 모두 ○표 하시오.

54 > □6

③ ④ 5 6 7

❶ 86 > 8□

4 5 6 7 8

❷ □8 > 78

5 6 7 8 9

❸ 5□ > 57

5 6 7 8 9

❹ 41 < □6

1 2 3 4 5

❺ 16 < 1□

4 5 6 7 8

❻ □3 < 31

1 2 3 4 5

❼ 7□ < 72

0 1 2 3 4

● □ 안에 들어갈 수 있는 숫자를 모두 쓰시오. 단, 십의 자리에는 **0**이 들어갈 수 없습니다.

44 > 4□

0, 1, 2, 3

❶ 62 > □8

❷ □7 > 38

❸ 3□ > 36

❹ 59 < □6

❺ 35 < 3□

❻ □9 < 71

❼ 6□ < 64

잘 공부했는지 알아봅시다

1 두 수의 크기를 비교하여 ◯ 안에 >, <를 알맞게 써넣으시오.

❶ 61 ◯ 56

❷ 88 ◯ 90

2 가장 큰 수에 ◯표 하시오.

❶
예순일곱
칠십칠
여든일곱

❷
여든여섯
여든다섯
팔십팔

3 ☐ 안에 들어갈 수 있는 숫자를 모두 쓰시오. 단, 십의 자리에는 0이 들어갈 수 없습니다.

❶   4☐ > 47

❷   74 > ☐2

4

수 배열표

333 펜토미노 수 배열

● 수 배열표의 일부입니다. 색칠된 빈칸에 알맞은 수를 써넣으시오.

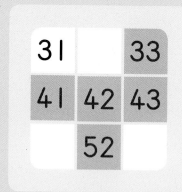

보기

31		33
41	42	43
	52	

❶

		27
	46	

❷

		59
67		

❸

58		
	79	

❹

53		
	64	

❺

72		
		84

❻

		47
65		

❼

	53	
72		

❽

	79	
	99	

● 펜토미노 수 배열입니다. 빈칸에 알맞은 수를 써넣으시오.

10

18 19 20

29

❶ 25

❷ 45

❸ 69

❹ 38

❺ 79

❻ 72

❼ 65

❽ 86

수 배열 규칙

● 수 배열표의 일부입니다. 색칠된 빈칸에 알맞은 수를 써넣으시오.

33				37
	44		46	
		55		
	64		66	
73				77

❶

41				45
81				85

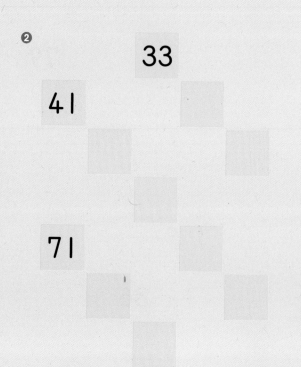

❷

		33		
41				
71				

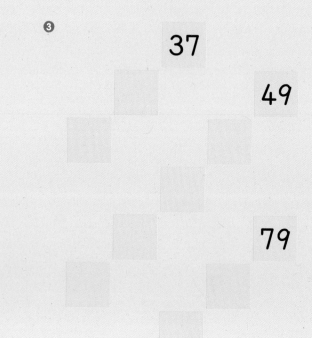

❸

			37	
				49
				79

❂ 수 배열 규칙을 찾아 ◯표 하고, 빈칸에 알맞은 수를 써넣으시오.

9 씩 커집니다
씩 작아집니다.
11 20 29 38 47 56 65 74

❶

씩 커집니다.
씩 작아집니다.
95 85 75 65

❷

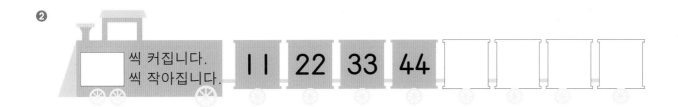

씩 커집니다.
씩 작아집니다.
11 22 33 44

❸

씩 커집니다.
씩 작아집니다.
90 81 72 63

❹

씩 커집니다.
씩 작아집니다.
98 87 76 65

격자 배열

● 가로줄은 일의 자리, 세로줄은 십의 자리 숫자입니다. 빈칸을 채우시오.

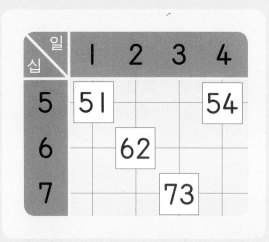

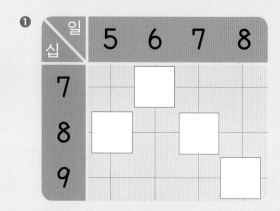

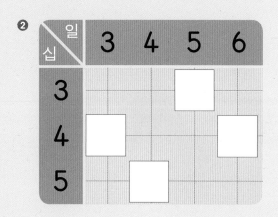

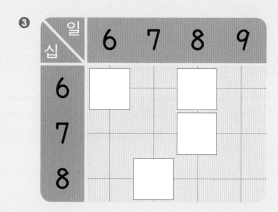

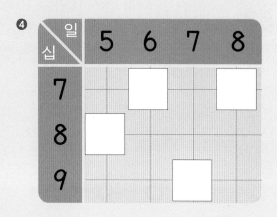

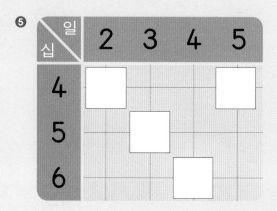

오른쪽 수에 맞게 점을 표시하고, 순서대로 점을 이어 그림을 완성하시오.

①

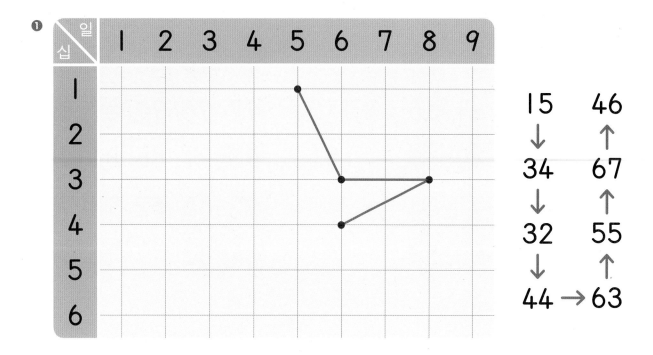

$$15 \quad\quad 46$$
$$\downarrow \quad\quad\quad \uparrow$$
$$34 \quad\quad 67$$
$$\downarrow \quad\quad\quad \uparrow$$
$$32 \quad\quad 55$$
$$\downarrow \quad\quad\quad \uparrow$$
$$44 \rightarrow 63$$

②

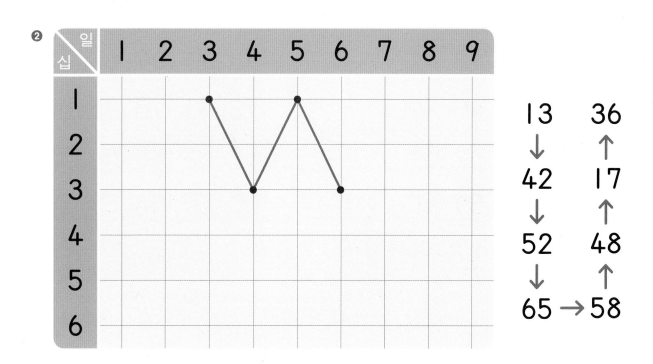

$$13 \quad\quad 36$$
$$\downarrow \quad\quad\quad \uparrow$$
$$42 \quad\quad 17$$
$$\downarrow \quad\quad\quad \uparrow$$
$$52 \quad\quad 48$$
$$\downarrow \quad\quad\quad \uparrow$$
$$65 \rightarrow 58$$

25칸 수 배열

수의 순서에 맞게 차례로 선을 그으시오.

51	52	53	54	55
66	67	68	69	56
65	74	75	70	57
64	73	72	71	58
63	62	61	60	59

1

98	96	95	89	88
97	94	90	87	80
93	91	86	81	79
92	85	82	78	75
84	83	77	76	74

2

36	37	38	39	40
45	44	43	42	41
46	47	48	49	50
55	54	53	52	51
56	57	58	59	60

3

76	75	68	67	52
73	74	69	66	53
72	71	70	65	54
61	62	63	64	55
60	59	58	57	56

✜ 수의 순서에 맞게 빈칸에 알맞은 수를 쓰고, 차례로 선을 그으시오.

68	77	78	87	88
69	76	79	86	89
70	75	80	85	90
71	74	81	84	91
72	73	82	83	92

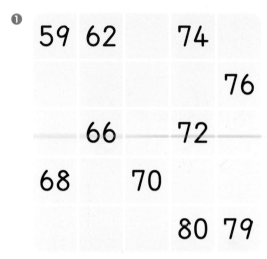

❶

59	62		74	
				76
	66		72	
68		70		
			80	79

❷

71		76		85
				86
74		83		
		88		
81			94	95

❸

99	98		96	
				94
89		87		
	81		83	
		77		75

1 수 배열표의 일부입니다. 빈칸에 알맞은 수를 써넣으시오.

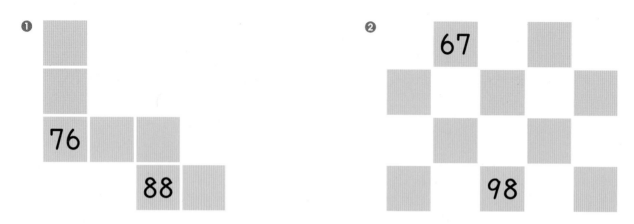

❶

❷

2 가로줄은 일의 자리, 세로줄은 십의 자리 숫자입니다. 오른쪽 수에 맞게 점을 표시하고, 순서대로 점을 이어 그림을 완성하시오.

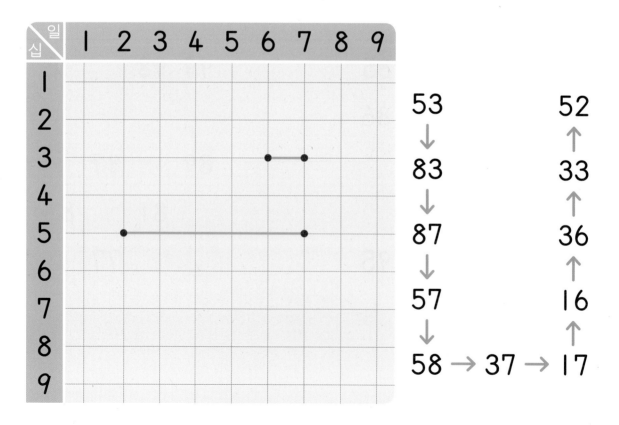

53
↓
83
↓
87
↓
57
↓
58 → 37 → 17

52
↑
33
↑
36
↑
16
↑

5 수 만들기

수 만들기 가지

● 숫자 카드 중 두 장을 사용하여 두 자리 수를 만든 것입니다. 빈칸을 채우시오.

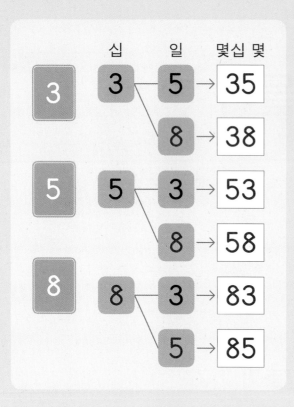

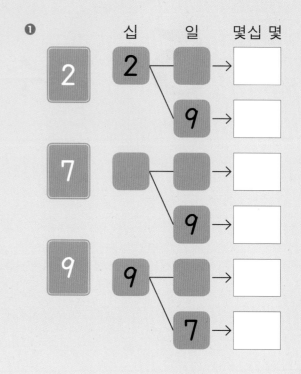

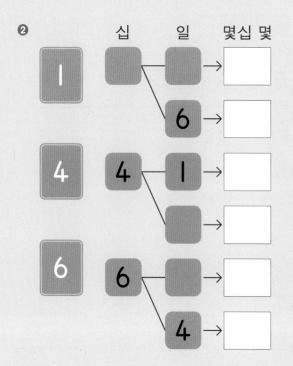

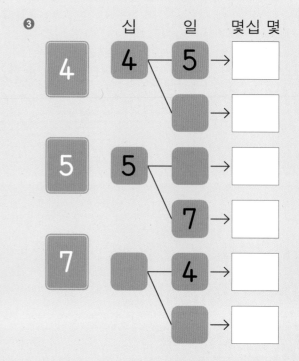

❖ 숫자 카드 중 두 장을 사용하여 두 자리 수를 만든 것입니다. 빈칸을 채우시오.

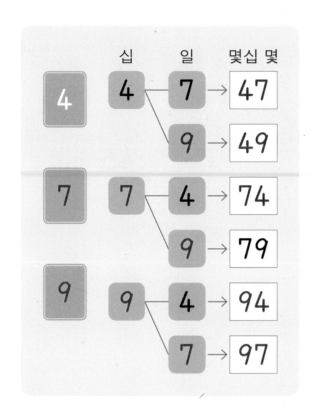

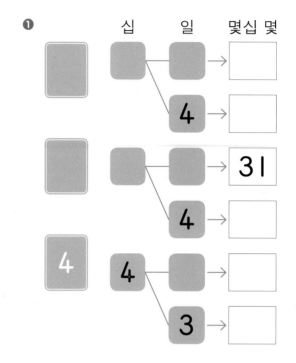

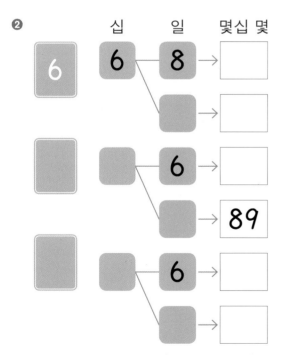

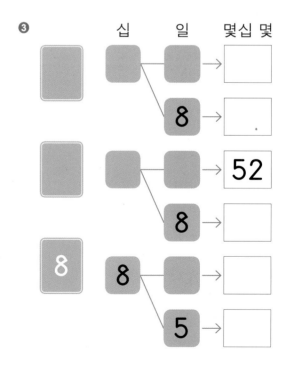

수 만들기 계단

숫자 카드를 한 번씩 사용하여 만든 두 자리 수를 작은 수부터 밑에서부터 쓰시오.

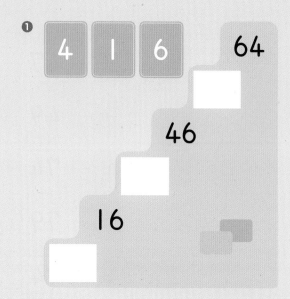

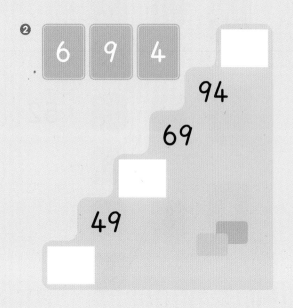

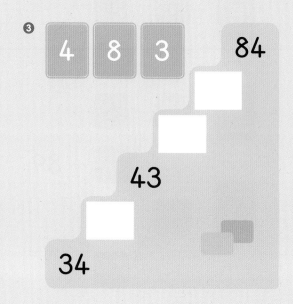

◆ 숫자 카드를 한 번씩 사용하여 만든 두 자리 수를 작은 수부터 밑에서부터 쓰시오.

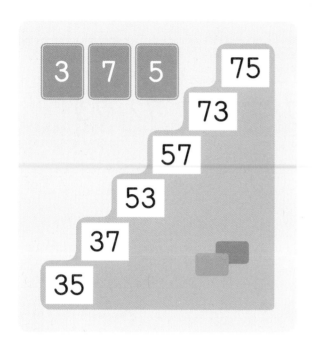

❶
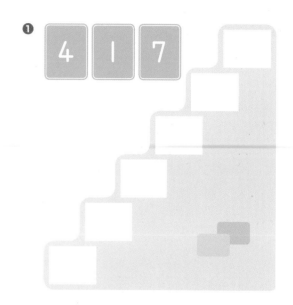

❷
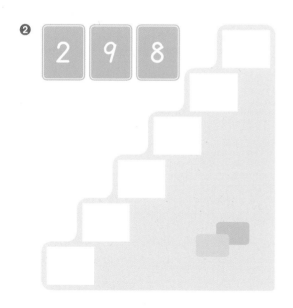

❸
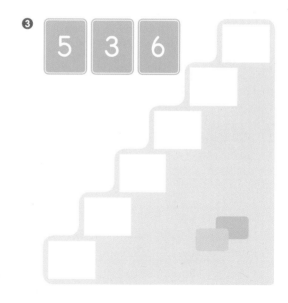

최대 최소 수 만들기

● 숫자 카드를 한 번씩 사용하여 만들 수 있는 두 자리 수를 모두 쓰고, 가장 큰 수에 ○표, 가장 작은 수에 △표 하시오.

| 3 | 7 | 2 | △23, 27, 32, 37, 72, ○73 |

❶ 5 9 2 _____

❷ 5 4 6 _____

❸ 2 9 1 _____

❹ 4 9 5 _____

❺ 2 8 7 _____

❻ 3 7 4 _____

✿ 숫자 카드를 한 번씩 사용하여 만들 수 있는 두 자리 수 중에서 가장 큰 수와 가장
   작은 수를 쓰시오.

가장 큰 수 :   75

가장 작은 수 :   20

❶

가장 큰 수 : _____

가장 작은 수 : _____

❷

가장 큰 수 : _____

가장 작은 수 : _____

❸

가장 큰 수 : _____

가장 작은 수 : _____

❹

가장 큰 수 : _____

가장 작은 수 : _____

❺

가장 큰 수 : _____

가장 작은 수 : _____

숫자 카드 조건

● 숫자 카드를 한 번씩 사용하여 조건에 맞는 수를 모두 구하시오.

조건

십의 자리 숫자가 **4**인 두 자리 수

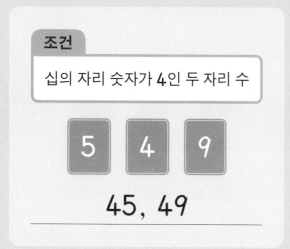

45, 49

① **조건**

일의 자리 숫자가 **7**인 두 자리 수

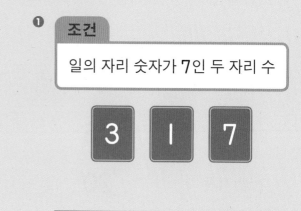

② **조건**

50과 70 사이의 수

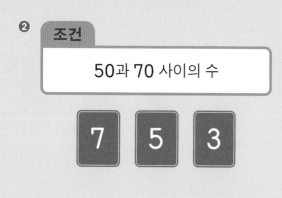

③ **조건**

60보다 큰 두 자리 수

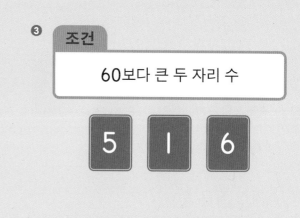

④ **조건**

70보다 작은 두 자리 홀수

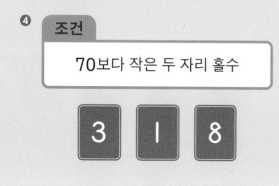

⑤ **조건**

50보다 큰 짝수

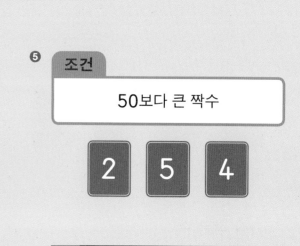

✦ 숫자 카드를 한 번씩 사용하여 조건에 맞는 수를 모두 구하시오.

조건

30과 60 사이의 수

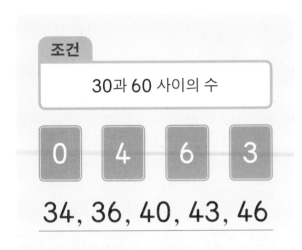

34, 36, 40, 43, 46

❶ **조건**

일의 자리 숫자가 5인 두 자리 수

❷ **조건**

50보다 큰 짝수

❸ **조건**

십의 자리 숫자가 3인 두 자리 수

❹ **조건**

80보다 큰 두 자리 수

❺ **조건**

70보다 작은 두 자리 홀수

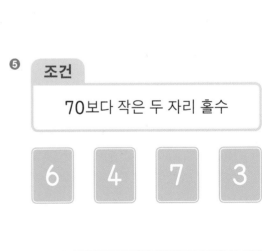

잘 공부했는지 알아봅시다

1 숫자 카드를 한 번씩 사용하여 만들 수 있는 가장 큰 두 자리 수와 가장 작은 두 자리 수를 쓰시오.

2 숫자 카드를 한 번씩 사용하여 조건에 맞는 수를 모두 구하시오.

❶ **조건**

40보다 작은 두 자리 홀수

| 1 | 9 | 4 | 3 |

❷ **조건**

십의 자리 숫자가 2인 두 자리 수

| 6 | 5 | 7 | 2 |

3 숫자 카드를 한 번씩 사용하여 만든 두 자리 수를 작은 수부터 밑에서부터 쓰시오.

6

조건과 수

341 조건과 수

왼쪽 수를 보고 알맞은 말에 ◯표 하시오.

36
- 30보다 (⦅크고⦆, 작고), 40보다 (큽니다 ,⦅작습니다⦆).
- 십의 자리 숫자가 일의 자리 숫자보다 (큽니다 ,⦅작습니다⦆).
- (홀수 ,⦅짝수⦆)입니다.

①

57
- 50보다 (크고 , 작고), 60보다 (큽니다 , 작습니다).
- 십의 자리 숫자가 일의 자리 숫자보다 (큽니다 , 작습니다).
- (홀수 , 짝수)입니다.

②

48
- 50보다 (크고 , 작고), 40보다 (큽니다 , 작습니다).
- 십의 자리 숫자는 6보다 (크고 , 작고), 일의 자리 숫자는 6보다 (큽니다 , 작습니다).
- (홀수 , 짝수)입니다.

③

99
- 두 자리 수 중 가장 (큰 , 작은) 수입니다.
- 십의 자리 숫자와 일의 자리 숫자가 (같습니다 , 다릅니다).
- (홀수 , 짝수)입니다.

④

64
- 60보다 (크고 , 작고), 70보다 (큽니다 , 작습니다).
- 십의 자리 숫자가 일의 자리 숫자보다 (큽니다 , 작습니다).
- (홀수 , 짝수)입니다.

✛ 조건에 맞는 수에 모두 ○표 하시오.

조건

40보다 크고 50보다 작은 홀수

37　　㊺　　59
㊾　　44　　50

❶ **조건**

십의 자리 숫자와 일의 자리 숫자가 같은 두 자리 수

33　　43　　57
50　　66　　74

❷ **조건**

20보다 작은 두 자리 수 중 짝수

20　　18　　17
12　　31　　52

❸ **조건**

십의 자리 숫자가 일의 자리 숫자보다 큰 수

37　　42　　65
79　　13　　68

❹ **조건**

90보다 큰 두 자리 수 중 홀수

96　　91　　92
77　　89　　97

❺ **조건**

십의 자리 숫자가 6보다 큰 두 자리 수

27　　62　　69
71　　94　　53

가로 세로 퍼즐

● 가로, 세로 열쇠를 이용하여 퍼즐을 푸시오.

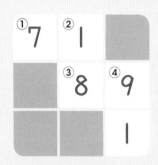

가로 열쇠

① 일흔둘보다 1 작은 수
③ 십의 자리 숫자보다 일의 자리 숫자가 더 큰 수

세로 열쇠

② 십육보다 큰 짝수
④ 92보다 작은 홀수

---

❶

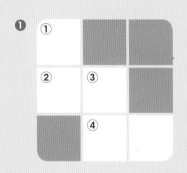

가로 열쇠

② 여든보다 1 작은 수
④ 십의 자리와 일의 자리 숫자가 같은 수

세로 열쇠

① 50보다 크고 60보다 작은 수
③ 가장 큰 두 자리 짝수

---

❷

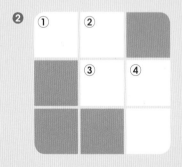

가로 열쇠

① 10보다 크고 20보다 작은 수
③ 십의 자리 숫자가 일의 자리 숫자보다 1 작은 수

세로 열쇠

② 서른보다 크고 마흔보다 작은 수
④ 10개씩 9 묶음

---

❸

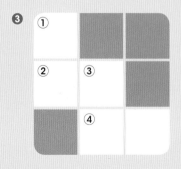

가로 열쇠

② 50과 54 사이에 있는 짝수
④ 일흔셋보다 10 작은 수

세로 열쇠

① 44와 46 사이에 있는 수
③ 십의 자리와 일의 자리 숫자의 합이 8

✚ 가로, 세로 열쇠를 이용하여 퍼즐을 푸시오.

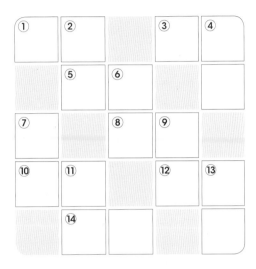

가로 열쇠

① 스물여섯

③ 10개씩 4묶음과 낱개 8개

⑤ 마흔넷보다 10 작은 수

⑧ 16보다 큰 짝수

⑩ 십의 자리 숫자가 일의 자리 숫자보다 큰 두 자리 수

⑫ 예순아홉과 일흔셋 사이에 있는 홀수

⑭ 일흔보다 1 작은 수

세로 열쇠

② 61과 65 사이에 있는 홀수

④ 십의 자리 숫자와 일의 자리 숫자의 합이 9

⑥ 사십보다 1 큰 수

⑦ 십의 자리 숫자와 일의 자리 숫자가 같은 수

⑨ 십의 자리 숫자가 일의 자리 숫자보다 1 큰 수

⑪ 80보다 크고 90보다 작은 수

⑬ 두 자리 수 중 가장 작은 수

수 묶기 조건

◑ 조건에 맞는 두 자리 수가 되도록 이웃한 두 숫자를 ◯로 묶으시오.

(7 4) 3 4 (6 2)

조건

- 짝수
- 십의 자리 숫자가 일의 자리 숫자보다 크다.

❶ 8 7 9 8 1 5

조건

- 80보다 큰 두 자리 수
- 홀수

❷ 6 6 7 7 8 8

조건

- 50과 80 사이의 수
- 십의 자리 숫자가 일의 자리 숫자와 같다.

❸ 3 2 2 3 4 5

조건

- 마흔보다 작은 두 자리 수
- 십의 자리 숫자가 홀수

❹ 4 5 4 7 2 8

조건

- 십의 자리 숫자와 일의 자리 숫자의 합이 9
- 쉰보다 크다.

❺ 8 7 2 8 1 5

조건

- 예순보다 크다.
- 홀수

✚ 조건에 맞는 두 자리 수가 되도록 이웃한 두 숫자를 ◯로 묶으시오.

7 6 ①
③ ⑧ 5
① ④ 4

조건
• 십의 자리 숫자가 홀수
• 십의 자리 숫자가 일의 자리 숫자보다 작다.

❶
5 3 6
2 9 1
7 4 8

조건
• 30보다 크고 70보다 작다.
• 짝수

❷
4 5 8
3 2 7
6 9 1

조건
• 40과 80 사이의 수
• 십의 자리 숫자가 일의 자리 숫자보다 크다.

❸
6 8 5
1 7 4
2 9 3

조건
• 홀수
• 쉰보다 작다.

344 조건에 맞는 수의 개수

● 조건에 맞지 않는 수를 모두 지우고, 남은 수(조건에 맞는 수)의 개수를 쓰시오.

조건

- 17보다 크고 30보다 작습니다.
- 십의 자리 숫자가 일의 자리 숫자보다 작습니다.
- 짝수입니다.

~~15~~ ~~16~~ ~~17~~ 18 ~~19~~ ~~20~~
~~21~~ ~~22~~ ~~23~~ 24 ~~25~~ 26
~~27~~ 28 ~~29~~ ~~30~~ ~~31~~ ~~32~~

4 개

❶ **조건**

- 여든다섯보다 큰 두 자리 수입니다.
- 십의 자리 숫자가 일의 자리 숫자보다 큽니다.
- 홀수입니다.

83 84 85 86 87 88
89 90 91 92 93 94
95 96 97 98 99 100

☐ 개

❷ **조건**

- 서른둘과 마흔셋 사이의 수입니다.
- 십의 자리 숫자가 홀수입니다.
- 일의 자리 숫자가 5보다 큽니다.

29 30 31 32 33 34
35 36 37 38 39 40
41 42 43 44 45 46

☐ 개

❸ **조건**

- 쉰둘보다 크고 예순넷보다 작습니다.
- 일의 자리 숫자가 6보다 작습니다.
- 홀수입니다.

49 50 51 52 53 54
55 56 57 58 59 60
61 62 63 64 65 66

☐ 개

✚ 조건에 맞는 두 자리 수를 모두 쓰고 개수를 구하시오.

여든보다 큰 두 자리 수 중 짝수

82, 84, 86, 88, 90, 92, 94, 96, 98   9   개

❶ 일의 자리 숫자가 **4**인 두 자리 수 중에서 **50**보다 작은 수

_____   개

❷ 십의 자리 숫자와 일의 자리 숫자가 같은 두 자리 수

_____   개

❸ 스물보다 작은 두 자리 수 중 홀수

_____   개

❹ **43**과 **63** 사이의 수 중에서 십의 자리 숫자가 일의 자리 숫자보다 큰 수

_____   개

잘 공부했는지 알아봅시다

1 조건에 맞는 수에 모두 ◯표 하시오.

❶

조건
80보다 큰 짝수

75	81	92
84	95	86

❷

조건
일의 자리 숫자가 십의 자리 숫자보다 큰 수

59	44	67
43	89	90

2 조건에 맞는 두 자리 수가 되도록 이웃한 두 숫자를 ◯로 묶으시오.

조건
• 십의 자리 숫자가 홀수
• 십의 자리 숫자가 일의 자리 숫자보다 크다.

5	4	3
7	8	9
2	5	7

3 80보다 큰 두 자리 수 중 홀수는 모두 몇 개인지 구하시오.

7 1000까지의 수 (1)

물건 사기

● 얼마입니까?

1 8 0 원

❶ ☐ 원

❷ ☐ 원

❸ ☐ 원

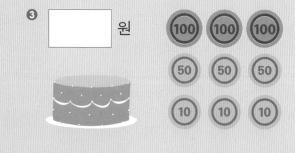

❹ ☐ 원

❺ ☐ 원

➕ 물건 값을 보고 동전의 개수에 맞게 **100**, **50**, **10**을 알맞게 써넣으시오.

❶
610 원

❷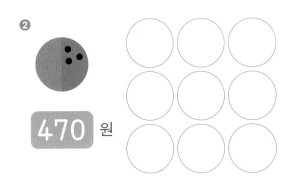
470 원

❸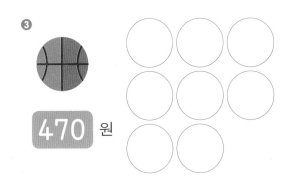
470 원

❹
220 원

❺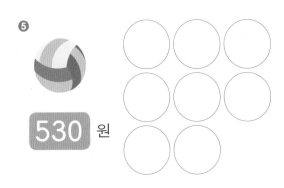
530 원

저금통

● 얼마입니까?

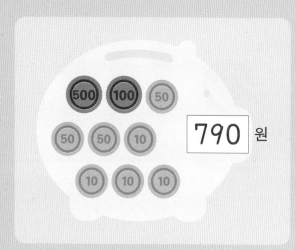

790 원

❶ □ 원

❷ □ 원

❸ □ 원

❹ □ 원

❺ □ 원

✚ 금액에 맞게 동전 안에 **500**, **100**, **50**, **10**을 알맞게 써넣으시오.

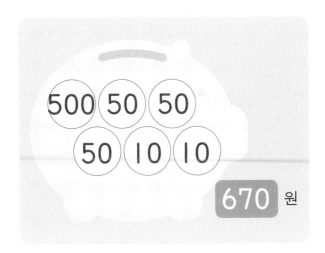

670 원

❶

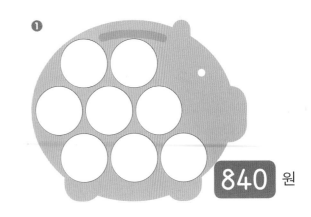

840 원

❷

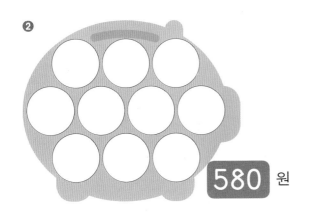

580 원

❸

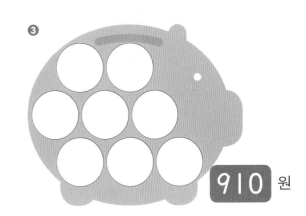

910 원

❹

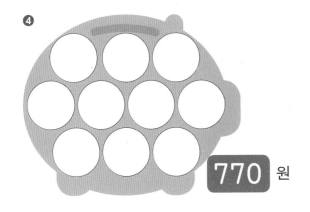

770 원

❺

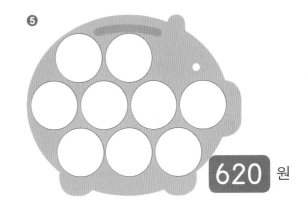

620 원

자릿값

● 빈칸에 알맞은 수를 써넣으시오.

100이 8
10이 3 이면 836
1이 6

639는 100이 6
       10이 3
       1이 9

❶ 100이 7
   10이 1 이면 ☐
   1이 4

❷ 527은 100이 ☐
        10이 ☐
        1이 ☐

❸ 100이 9
   10이 4 이면 ☐
   1이 5

❹ 381은 100이 ☐
        10이 ☐
        1이 ☐

❺ 100이 6
   10이 7 이면 ☐
   1이 8

❻ 219는 100이 ☐
        10이 ☐
        1이 ☐

❖ ☐ 안에 알맞은 수를 써넣으시오.

$200 + 40 + 6 = \boxed{246}$　　　　$194 = \boxed{100} + \boxed{90} + \boxed{4}$

➊ $700 + 10 + 4 = \boxed{}$　　　❷ $368 = \boxed{} + \boxed{} + \boxed{}$

➌ $600 + 30 + 9 = \boxed{}$　　　❹ $426 = \boxed{} + \boxed{} + \boxed{}$

➎ $800 + 10 + 7 = \boxed{}$　　　❻ $549 = \boxed{} + \boxed{} + \boxed{}$

➐ $300 + 20 + 4 = \boxed{}$　　　❽ $786 = \boxed{} + \boxed{} + \boxed{}$

➒ $500 + 80 + 7 = \boxed{}$　　　❿ $238 = \boxed{} + \boxed{} + \boxed{}$

⓫ $400 + 90 + 8 = \boxed{}$　　　⓬ $124 = \boxed{} + \boxed{} + \boxed{}$

⓭ $300 + 70 + 1 = \boxed{}$　　　⓮ $897 = \boxed{} + \boxed{} + \boxed{}$

수수께끼

● 왼쪽 수를 보고 알맞은 수나 말에 ◯표 하시오.

583
- (두 , (세)) 자리 수입니다.
- 일의 자리 숫자는 (5 , 8 , (3))입니다.
- 500보다 ((크고), 작고), 600보다 (큽니다 , (작습니다)).
- 각 자리 숫자가 모두 ((다릅니다), 같습니다).

❶
789
- (짝수 , 홀수)입니다.
- 십의 자리 숫자는 일의 자리 숫자보다 (크고 , 작고), 백의 자리 숫자보다 (큽니다 , 작습니다).
- 일의 자리 숫자는 (7 , 8 , 9)입니다.

❷
415
- 400보다 (크고 , 작고), 500보다 (큽니다 , 작습니다).
- 십의 자리 숫자와 백의 자리 숫자를 더하면 (백 , 십 , 일)의 자리 숫자가 됩니다.
- (백 , 십 , 일)의 자리 숫자는 짝수입니다.

❸
242
- 각 자리 숫자 중 가장 큰 숫자는 (백 , 십 , 일)의 자리 숫자입니다.
- 일의 자리 숫자는 십의 자리 숫자와 (같고 , 다르고) 백의 자리 숫자와 (같습니다 , 다릅니다).
- (홀수 , 짝수)입니다.

✚ 나는 얼마입니까?

918

- 세 자리 수입니다.
- 각 자리 숫자는 모두 다릅니다.
- 일의 자리 숫자는 8입니다.
- 십의 자리 숫자와 일의 자리 숫자를 더하면 백의 자리 숫자가 됩니다.

❶

- 일의 자리 숫자와 백의 자리 숫자가 같습니다.
- 300보다 크고 400보다 작습니다.
- 일의 자리 숫자와 백의 자리 숫자를 더하면 십의 자리 숫자가 됩니다.

❷

- 400보다 작은 세 자리 수입니다.
- 각 자리 숫자는 모두 다릅니다.
- 십의 자리 숫자는 2입니다.
- 십의 자리 숫자와 일의 자리 숫자를 더하면 백의 자리 숫자가 됩니다.

❸

- 400보다 크고 500보다 작은 수입니다.
- 일의 자리 숫자가 백의 자리 숫자보다 5 큽니다.
- 십의 자리 숫자는 일의 자리 숫자보다 1 작습니다.

❹

- 세 자리 수입니다.
- 각 자리 숫자가 모두 같습니다.
- 백의 자리 숫자와 일의 자리 숫자를 더하면 10입니다.

❺

- 세 자리 수입니다.
- 각 자리 숫자는 모두 다릅니다.
- 십의 자리 숫자는 8입니다.
- 십의 자리 숫자와 일의 자리 숫자를 더하면 백의 자리 숫자가 됩니다.

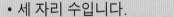

1 금액에 맞게 동전 안에 **500**, **100**, **50**, **10**을 써넣으시오.

❶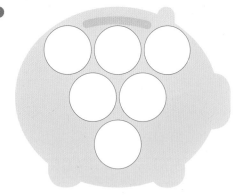

720 원

❷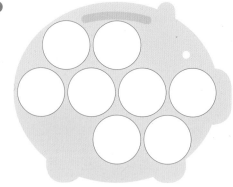

880 원

2 빈칸에 알맞은 수를 써넣으시오.

❶ **894**는 **100**이 ☐ , **10**이 ☐ , **1**이 ☐ 인 수입니다.

❷ **527**은 **100**이 ☐ , **10**이 ☐ , **1**이 ☐ 인 수입니다.

3 조건을 모두 만족하는 수를 쓰시오.

- **600**과 **700** 사이에 있는 수입니다.
- 십의 자리 숫자와 일의 자리 숫자의 합이 **9**입니다.
- 두 조건을 모두 만족하는 가장 큰 수입니다.

8 1000까지의 수 (2)

큰 수 작은 수

● 빈칸에 알맞은 수를 써넣으시오.

1 작은 수
373 ← 374 → 375

❶ 1 작은 수 [ ] ← 199 → [ ] 1 큰 수

❷ 10 작은 수 [ ] ← 724 → [ ] 10 큰 수

❸ 10 작은 수 [ ] ← 576 → [ ] 10 큰 수

❹ 100 작은 수 [ ] ← 296 → [ ] 100 큰 수

❺ 100 작은 수 [ ] ← 318 → [ ] 100 큰 수

❻ 20 작은 수 [ ] ← 451 → [ ] 20 큰 수

❼ 20 작은 수 [ ] ← 627 → [ ] 20 큰 수

❽ 50 작은 수 [ ] ← 550 → [ ] 50 큰 수

❾ 50 작은 수 [ ] ← 415 → [ ] 50 큰 수

❿ 200 작은 수 [ ] ← 375 → [ ] 200 큰 수

⓫ 200 작은 수 [ ] ← 734 → [ ] 200 큰 수

● 빈칸에 알맞은 수를 써넣으시오.

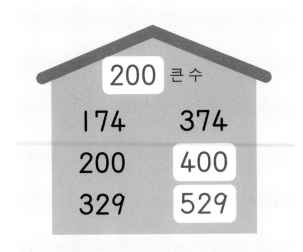

200 큰 수

174	374
200	400
329	529

❶ 작은 수

388	378
427	
593	

❷ 큰 수

276	376
415	
899	

❸ 큰 수

500	550
380	
920	

❹ 작은 수

501	481
332	
630	

❺ 큰 수

981	982
785	
876	

뛰어 세기

뛰어 세기하여 빈칸에 알맞은 수를 써넣으시오.

1씩 뛰어 세기

176 177 178 179 180 181

❶ 10씩 뛰어 세기

425 435 □ □ □ □

❷ 100씩 뛰어 세기

217 □ 417 □ □ □

❸ 50씩 뛰어 세기

251 □ □ 401 □ □

❹ 2씩 뛰어 세기

984 □ □ 990 □ □

✚ 뛰어 세기 규칙을 찾고, 빈칸에 알맞은 수를 써넣으시오.

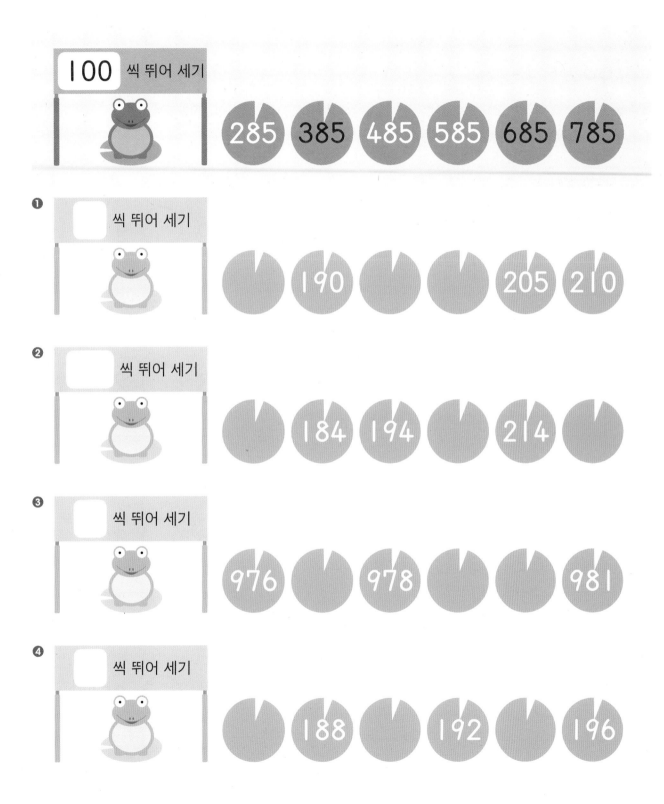

100 씩 뛰어 세기

285 385 485 585 685 785

❶ ⬜ 씩 뛰어 세기

185 190 195 200 205 210

❷ ⬜ 씩 뛰어 세기

174 184 194 204 214 224

❸ ⬜ 씩 뛰어 세기

976 977 978 979 980 981

❹ ⬜ 씩 뛰어 세기

184 188 192 196

자릿값 대소 비교

● ○안에 >, <를 써넣으시오.

763 < 772

❶ 863 ○ 961

❷ 517 ○ 513

❸ 345 ○ 417

❹ 682 ○ 691

❺ 278 ○ 277

❻ 937 ○ 747

❼ 315 ○ 321

❽ 562 ○ 565

❾ 837 ○ 857

월   일

◆ ☐ 안에 들어갈 수 있는 숫자에 모두 ◯표 하시오.

| 6 | 3 | 2 | > | ☐ | 3 | 2 |

7 ④ ③ 6 ⑤

❶ | 8 | 7 | 5 | > | 8 | ☐ | 5 |

9 8 5 6 4

❷ | 6 | 1 | 7 | > | 6 | 1 | ☐ |

0 9 5 3 7

❸ | ☐ | 1 | 6 | > | 6 | 1 | 6 |

8 7 5 9 6

❹ | 4 | ☐ | 6 | < | 4 | 5 | 6 |

2 4 7 9 0

❺ | 9 | 0 | ☐ | < | 9 | 0 | 5 |

6 9 3 1 0

❻ | 5 | ☐ | 4 | > | 5 | 6 | 4 |

8 3 9 7 6

❼ | ☐ | 1 | 9 | > | 4 | 1 | 9 |

5 7 1 6 2

세 자리 수 만들기

● 숫자 카드를 사용하여 세 자리 수를 만든 것입니다. 빈칸을 채우시오.

3 6 7

백	십	일	세 자리 수
3	6	7	367
	7	6	376
6	3	7	637
	7	3	673
7	3	6	736
	6	3	763

❶

1 2 9

백	십	일	세 자리 수
1	2		
		2	
2	1		
		1	
	1		
		1	

❷

4 5 8

백	십	일	세 자리 수
4	5		
		5	
5	4		
		4	
	4		
		4	

❸

2 7 8

백	십	일	세 자리 수
2	7		
		7	
7	2		
		2	
	2		
		2	

✦ 숫자 카드 중 세 장을 사용하여 조건에 맞는 세 자리 수를 만드시오.

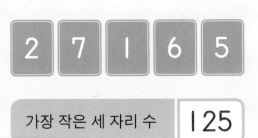

가장 작은 세 자리 수 ┃25

① 가장 큰 세 자리 수 ☐

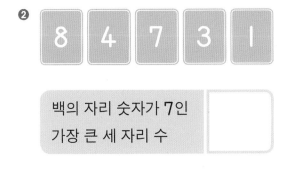

② 백의 자리 숫자가 7인
가장 큰 세 자리 수 ☐

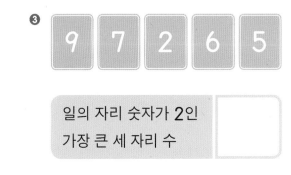

③ 일의 자리 숫자가 2인
가장 큰 세 자리 수 ☐

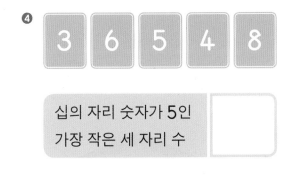

④ 십의 자리 숫자가 5인
가장 작은 세 자리 수 ☐

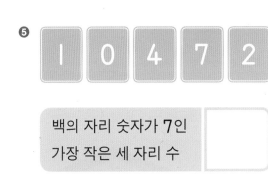

⑤ 백의 자리 숫자가 7인
가장 작은 세 자리 수 ☐

⑥ 가장 큰 세 자리 수 ☐

⑦ 가장 작은 세 자리 수 ☐

1 숫자 카드 중 세 장을 사용하여 만들 수 있는 가장 큰 세 자리 수와 가장 작은 세 자리 수를 쓰시오.

2 □ 안에 들어갈 수 있는 숫자를 모두 쓰시오.

❶ 4□9 < 436

❷ □38 > 712

_____

_____

3 빈칸에 알맞은 수를 쓰시오.

❶

❷
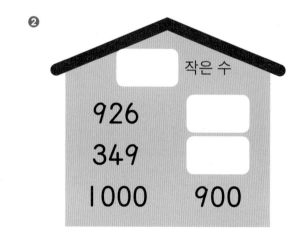

MEMO

사고셈

정답 및 해설
Guide Book

초등1 3호

100까지의 수, 1000까지의 수

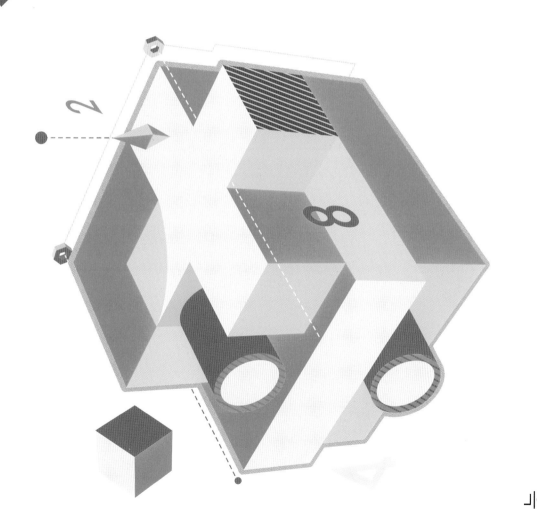

NE 능률

321 묶음과 낱개

● 그림을 보고 빈칸에 알맞은 수를 써넣으시오.

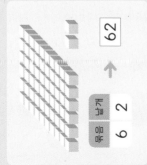
묶음	낱개
6	2
→ 62

①
묶음	낱개
5	7
→ 57

②
묶음	낱개
8	1
→ 81

③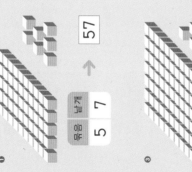
묶음	낱개
7	3
→ 73

④
묶음	낱개
5	4
→ 54

⑤
묶음	낱개
6	8
→ 68

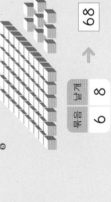

● 빈칸에 알맞은 수를 써넣으시오.

묶음	낱개
6	1
→ 61

10개씩 6묶음과 낱개가 1개이면 61입니다.

①
묶음	낱개
7	7
→ 77

77은 10개씩 7묶음과 낱개가 7개입니다.

②
묶음	낱개
5	6
→ 56

10개씩 5묶음과 낱개가 6개이면 56입니다.

③
묶음	낱개
9	4
→ 94

94는 10개씩 9묶음과 낱개가 4개입니다.

④
묶음	낱개
8	3
→ 83

10개씩 8묶음과 낱개가 3개이면 83입니다.

⑤
묶음	낱개
7	5
→ 75

75는 10개씩 7묶음과 낱개가 5개입니다.

322　지갑 속 동전

● 얼마입니까?

97 원

83 원

51 원

100 원

62 원

78 원

월 일

● 금액을 보고 동전의 개수에 맞게 50, 10, 5, 1을 알맞게 써넣으시오.

1원으로 3원을 먼저 만든 다음
나머지 동전으로 70원을 만듭니다.

50	10
5	5	1
1	1

73 원

동전의 개수가 적으므로 5원으로
5원을 만든 다음 나머지 동전으로
60원을 만듭니다.

50	5
5	5	1
1	1

68 원

1원과 5원으로 9원을 먼저 만든
다음 나머지 동전으로 50원을 만
듭니다.

| 50 | 5 |
| 1 | 1 |
| 1 |

59 원

| 50 | 5 |
| 5 | 5 |

65 원

50	10
10	10	10
5	5

100 원

50	10
10	10	5
5	5

95 원

323 가지 읽기

● 선으로 연결된 수를 빈칸에 써넣으시오.

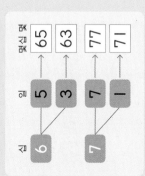

수를 읽는 방법은 '일, 이, 삼, …, 십, 이십, 삼십, …'과 같이 한자로 읽는 방법과 '하나, 둘, 셋, …, 열, 스물, 서른, …'과 같이 우리말로 읽는 방법이 있습니다.
50은 오십, 쉰
60은 육십, 예순
70은 칠십, 일흔
80은 팔십, 여든
90은 구십, 아흔으로 읽습니다.

● 선으로 연결된 수를 읽고, 빈칸에 알맞은 수를 써넣으시오.

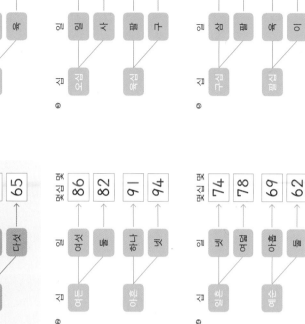

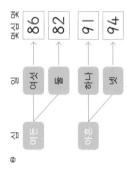

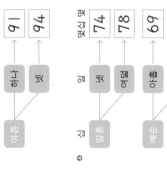

① 주차

자동차 길

324

● 관계 있는 것끼리 선으로 이으시오.

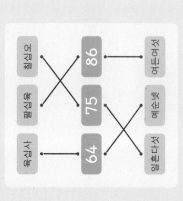

● 바르게 읽어 선을 그으시오.

수를 읽을 때 우리말과 한자를 섞어서 읽지 않도록 해야 합니다. '예순 셋'은 우리말 '예순'과 한자 '삼'이 섞여 있어 잘못 읽은 경우입니다. 우리말 '예순셋' 또는 한자 '육십삼'이라고 읽어야 합니다.

잘 공부했는지 알아봅시다

월   일

1 ☐ 안에 알맞은 수를 써넣으시오.

10개씩 **6** 묶음과 낱개 **8** 개는 **68** 입니다.

10개 묶음의 수를 십의 자리에, 낱개의 수를 일의 자리에 씁니다.

2 선으로 연결된 수를 읽고, 빈칸에 알맞은 수를 써넣으시오.

❶ 십   일   몇십 몇

일흔 → 둘 → **72**

→ 아홉 → **79**

❷ 십   일   몇십 몇

아흔 → 일곱 → **97**

→ 넷 → **94**

60은 육십, 예순
70은 칠십, 일흔
80은 팔십, 여든
90은 구십, 아흔으로
읽습니다.

3 관계 있는 것끼리 선으로 이으시오.

육십삼   여든하나   81

구십오   아흔다섯   63

팔십일   예순셋   95

1 주차

② 주차

325 수 잇기

● 큰 수 또는 작은 수부터 수의 순서에 맞게 차례로 선을 이으시오.

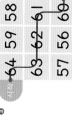
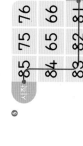

① 시작 80 81 / 84 82 / 79 83

② 시작 69 68 / 70 67 / 71 72

③ 시작 77 76 / 78 79 / 75 80

④ 시작 95 99 / 96 97 / 100 98

⑤ 시작 63 62 / 64 68 / 65 66

⑥ 시작 50 51 / 54 52 / 55 53

⑦ 시작 78 88 / 79 76 / 67 75

⑧ 시작 59 60 / 58 61 / 57 56

⑨ 시작 84 83 / 75 82 / 79 84

⑩ 시작 63 65 / 62 64 / 61 60

⑪ 시작 71 70 / 72 69 / 73 68

⑫ 시작 91 93 / 90 89 / 94 88

77에서 시작한 앞으로 세기입니다.

84에서 시작한 거꾸로 세기입니다.

작은 수부터 순서대로 수를 세는 방법을 앞으로 수를 세기, 큰 수부터 순서대로 수를 세는 방법을 거꾸로 세기라고 합니다. 어떤 수에서 출발하더라도 앞으로 세기, 거꾸로 세기를 할 수 있어야 합니다. 순서대로 수 세기는 덧셈과 뺄셈의 바탕이 됩니다.

● 큰 수 또는 작은 수부터 수의 순서에 맞게 차례로 선을 이으시오.

① 시작 59 58 60 / 54 57 51 / 53 56 55

② 시작 92 93 90 / 91 94 98 / 97 95 96

③ 시작 64 59 58 / 63 62 61 / 57 56 60

④ 시작 77 78 79 / 75 76 80 / 72 74 81

⑤ 시작 85 75 76 / 84 65 66 / 83 82 81

⑥ 시작 69 68 67 / 70 71 68 / 75 72 73

⑦ 시작 91 90 86 / 92 89 85 / 93 88 87

❖ 시작 80 85 86 / 81 82 83 / 87 88 84

59에서 시작한 거꾸로 세기입니다.

80에서 시작한 앞으로 세기입니다.

326 큰 수 작은 수

● 빈칸에 알맞은 수를 써넣으시오.

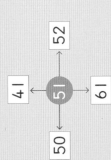

● 빈칸에 알맞은 수를 써넣으시오.

94는 93 보다 1 크고, 95 보다 1 작습니다.

① 71은 70보다 1 크고, 72 보다 1 작습니다.

② 68은 58 보다 10 크고, 78 보다 10 작습니다.

③ 57은 47보다 10 크고, 67 보다 10 작습니다.

④ 82는 81 보다 1 크고, 83 보다 1 작습니다.

⑤ 56은 55 보다 1 크고, 57보다 1 작습니다.

⑥ 79는 69 보다 10 크고, 89 보다 10 작습니다.

⑦ 95는 94 보다 1 크고, 96보다 1 작습니다.

⑧ 83은 82 보다 1 크고, 84 보다 1 작습니다.

② 주차

327 화살표 규칙

● 규칙에 맞게 빈칸에 알맞은 수를 써넣으시오.

규칙

1 큰 수 →　　1 작은 수 ←

10 큰 수 →　　10 작은 수 ←

86 —1 큰 수→ 87

① 76 —77→

② 69 —70→

③ 54 55 —1 작은 수→

④ 95 96 —

⑤ 60 —61→

⑥ 73 —10 큰 수→ 83

⑦ 51 —61→

⑧ 87 —97→

⑨ 70 —80→

⑩ 87 —10 작은 수→ 97

⑪ 75 ←85

⑫ 49 ←59

⑬ 56 ←66

● 규칙에 맞게 빈칸에 알맞은 수를 써넣으시오.

68 —1 큰 수→ 69 —10 큰 수→ 79 —1 큰 수→ 80

① 57 —10 큰 수→ 67 —1 큰 수→ 68 —1 큰 수→ 69

② 90 80 81 82

③ 77 67 78 79

④ 78 88 89 99 100

⑤ 76 77 87 88 98

328 8칸 기차

● 뛰어 세기 규칙에 맞게 빈칸에 알맞은 수를 써넣으시오.

5씩 커집니다. 57 62 67 72 77 82 87 92

❶ 2씩 작아집니다. 81 79 77 75 73 71 69 67

❷ 10씩 작아집니다. 95 85 75 65 55 45 35 25

❸ 2씩 커집니다. 69 71 73 75 77 79 81 83

❹ 5씩 작아집니다. 72 67 62 57 52 47 42 37

● 뛰어 세기 규칙을 찾아 ◯표 하고, 빈칸에 알맞은 수를 써넣으시오.

10 씩 커집니다. 씩 작아집니다. 88 78 68 58 48 38 28 18

❶ 5 씩 커집니다. 씩 작아집니다. 54 59 64 69 74 79 84 89

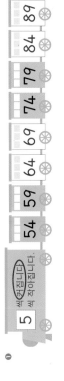

❷ 2 씩 커집니다. 씩 작아집니다. 66 68 70 72 74 76 78 80

❸ 10 씩 커집니다. 씩 작아집니다. 11 21 31 41 51 61 71 81

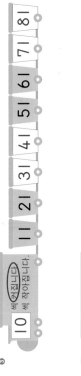

❹ 5 씩 커집니다. 씩 작아집니다. 75 70 65 60 55 50 45 40

② 주차

잘 공부했는지 알아봅시다

1 ☐ 안에 알맞은 수를 써넣으시오.

❶ 99보다 1 큰 수는 **100** 입니다.

❷ 80보다 1 작은 수는 **79** 입니다.

❸ 93과 96 사이에 있는 수는 **94** , **95** 입니다.

2 뛰어 세기 규칙에 맞게 빈칸에 알맞은 수를 써넣으시오.

10씩 커집니다.

27 37 47 57 67 77 87 97

10씩 뛰어 세면 십의 자리 숫자가 1씩 커집니다.

3 빈 곳에 알맞은 수를 써넣으시오.

51	65	66	67	81	82	83	97	98
52	64		68	80		84		99
53	63		69	79		85		95	100
54	62		70	78		86	94	
55	61		71	77		87	93	
56	60		72	76		88	92	
57	58	59		73	74	75	89	90	91

329

몇일

팻말에 적힌 수를 □ 안에 쓰고, ○ 안에 > 또는 < 를 세넣으시오.

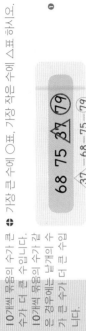

❶
| 아흔넷보다 1 작은 수 | > | 여든일곱보다 1 큰 수 |
| 93 | | 88 |

❷
| 칠십사 | < | 칠십구 |
| 74 | | 79 |

❸
| 10개씩 5묶음 | > | 10개씩 3묶음과 낱개 9개 |
| 50 | | 39 |

❹
| 75보다 크고 77보다 작은 수 | < | 10개씩 7묶음과 낱개 7개 |
| 76 | | 77 |

10개씩 묶음의 수가 큰 수가 더 큰 수입니다. 10개씩 묶음의 수가 같은 경우에는 낱개의 수가 큰 수가 더 큰 수입니다.

❶
| 10개씩 7묶음과 낱개 5개 | < | 일흔보다 10 큰 수 |
| 75 | | 80 |

❸
| 아흔하나 | > | 여든여덟 |
| 91 | | 88 |

❺
| 예순넷보다 1 작은 수 | < | 예순셋보다 1 큰 수 |
| 63 | | 64 |

❼
| 마흔하나와 마흔셋 사이의 수 | < | 오십삼보다 10 작은 수 |
| 42 | | 43 |

😀 가장 큰 수에 ○표, 가장 작은 수에 △표 하시오.

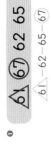
❶ 6̷1̷ 67 62 65
△61 — 62 — 65 — 67○

❷ 68 75 3̷7̷ 79
△37 — 68 — 75 — 79○

❸ 82 73 89 5̷3̷
△53 — 73 — 82 — 89○

❹ 74 94 3̷4̷ 54

❺ 여든일곱 여든넷
아흔여덟 여든둘

❻ 오십오 오십칠
오십사 오십일

❼ 예순일곱 예순여섯
일흔하나 육십이

❽ 칠십이 칠십일
육십삼 육십구

❾ 여든둘 82
일흔하나보다 십 큰 수 81
아흔여덟보다 십 작은 수 84
일흔둘과 일흔넷 사이의 수 73

❿ 오십보다 일 큰 수 51
56과 58 사이의 수 57
40보다 10 큰 수 50
10개씩 4묶음과 낱개 9개 49

③ 주차

330 사다리와 공

◆ 수의 크기 순으로 공에 쓰인 수를 빈칸에 알맞게 써넣으시오.

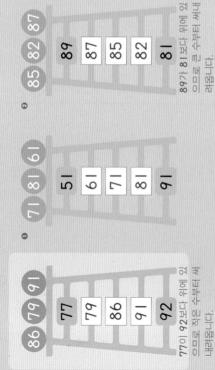

① 71 81 61

51
61
71
81
91

② 85 82 87

89
87
85
82
81

89가 81보다 위에 있으므로 큰 수부터 써내려갑니다.

③ 74 68 80

86
80
74
68
66

④ 71 77 76

79
77
76
71
70

⑤ 88 90 74

67
74
88
90
99

86 79 91

77
79
86
91
92

77이 92보다 위에 있으므로 작은 수부터 써내려갑니다.

◆ 수의 크기 순으로 공에 쓰인 수를 빈칸에 알맞게 써넣으시오.

① 86 91 74

91
86
84
81
74

② 86 81 87

87
86
81
79
64

79가 64보다 위에 있으므로 큰 수부터 써내려갑니다.

③ 85 78 91

74
78
85
87
91

④ 65 69 61

81
69
67
65
61

⑤ 80 79 71

71
73
77
79
80

85 69 96

69
78
85
87
96

78이 87보다 위에 있으므로 작은 수부터 써내려갑니다.

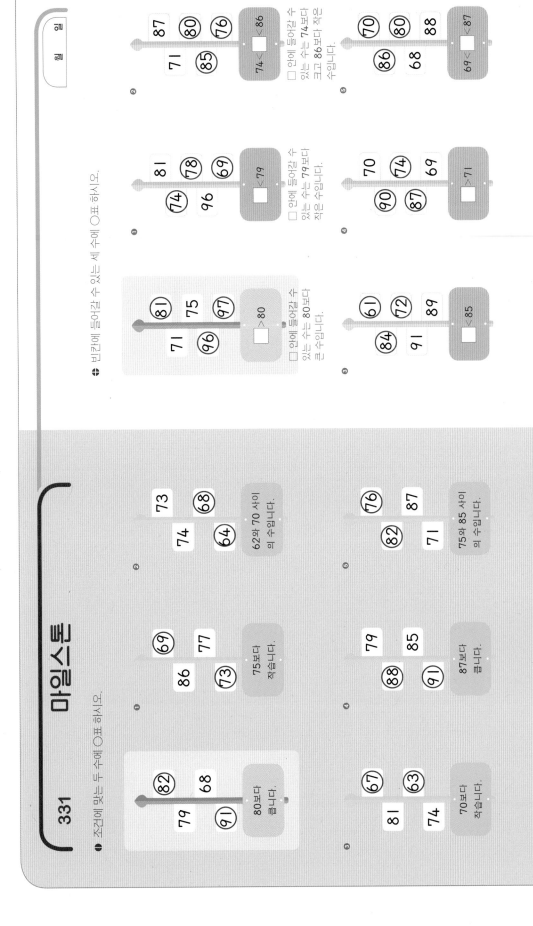

331 마일스톤

● 조건에 맞는 두 수에 ○표 하시오.

● 빈칸에 들어갈 수 있는 세 수에 ○표 하시오.

❸ 주차

332 대소 네모

● □ 안에 들어갈 수 있는 숫자에 모두 ○표 하시오.

54 > □6
③ ④ 5 6 7
□6은 54보다 일의 자리 숫자가 크므로 □ 안에는 5보다 작은 수가 들어갑니다.

① 86 > 8□
④ ⑤ 6 7 8

② □8 > 78
5 6 7 ⑧ ⑨

③ 5□ > 57
5 6 7 ⑧ ⑨
일의 자리 숫자가 같으므로 □ 안에는 6보다 작은 수가 들어갑니다.

④ 41 < □6
④ ⑤ 6

⑤ 16 < 1□
4 5 6 ⑦ ⑧

⑥ □3 < 31
① ② 3 4 5

⑦ 7□ < 72
⓪ ① 2 3 4

월 일

● □ 안에 들어갈 수 있는 숫자를 모두 쓰시오. 단, 십의 자리에는 0이 들어갈 수 없습니다.

44 > 4□
0, 1, 2, 3
실의 자리 숫자가 같으므로 □ 안에는 4보다 작은 수가 들어갑니다.

① 62 > □8
1, 2, 3, 4, 5
□8은 62보다 일의 자리 숫자가 크므로 □ 안에는 6보다 작은 수가 들어갑니다.

② □7 > 38
4, 5, 6, 7, 8, 9

③ 3□ > 36
7, 8, 9

④ 59 < □6
6, 7, 8, 9

⑤ 35 < 3□
6, 7, 8, 9

⑥ □9 < 71
1, 2, 3, 4, 5, 6

⑦ 6□ < 64
0, 1, 2, 3

잘 공부했는지 알아봅시다

1 두 수의 크기를 비교하여 ○ 안에 >, <를 알맞게 써넣으시오.

❶ 61 ⓥ 56

❷ 88 ⓥ 90

■가 ●보다 크면 ■>●로 나타내고, ■가 ●보다 작으면 ■<●로 나타냅니다.

2 가장 큰 수에 ○표 하시오.

❶
예순일곱 67
칠십칠 77
여든일곱 87

10개씩 묶음의 수가
가장 큰 수를 찾습니다.

❷
여든여섯 86
여든다섯 85
팔십팔 88

10개씩 묶음의 수가 같
으면 낱개의 수가 가장
큰 수를 찾습니다.

3 □ 안에 들어갈 수 있는 숫자를 모두 쓰시오. 단, 십의 자리에는 0이 들어갈 수 없습니다.

❶ 4□ > 47

8, 9

❷ 74 > □2

1, 2, 3, 4, 5, 6, 7

□2는 74보다 일의 자리 숫자가
작으므로 □ 안에는 1부터 7까지
의 숫자가 들어갑니다.

③ 주차

333 펜토미노 수 배열

● 수 배열표의 일부분입니다. 색칠된 빈칸에 알맞은 수를 써넣으시오.

	31	33
41	42	43
	52	

①
	25		27
35	36	37	
	46	47	

②
47	48	49
	58	59
67	68	

③
58	59	60
68	69	
78	79	

④
43	44	45
	53	55
	64	65

⑤
72	73	
82	83	84
93	94	

⑥
46	47	
55	56	57
65	66	

⑦
	52	53
	62	63
72	73	74

⑧
	79	80
	88	89	90
	98	99

● 펜토미노 수 배열입니다. 빈칸에 알맞은 수를 써넣으시오.

수 배열표에서는 오른쪽으로 1씩 커지고, 왼쪽으로 1씩 작아집니다. 아래로 10씩 커지고, 위로 10씩 작아집니다.

1큰수 →
18	19	20	10
	29		

10큰수

①
	25		(10큰수)
35	36	37	
	47		

1큰수 →   10큰수

②
45	46	47
	56	
	66	

③
69		
77	78	79
	87	

④
36	37	38
	48	
	58	

⑤
	58	
67	68	
	78	79

⑥
	62	
71	72	73
	82	

⑦
	54	
	64	65
	75	76

⑧
	78	
86	87	88
	96	

334 수 배열 규칙

● 수 배열표의 일부입니다. 색칠된 빈칸에 알맞은 수를 써넣으시오.

				37
33			46	
	44	55		
		64		66
73				77

수 배열표에서는 ↘ 방향으로 11 씩 커지고, ↙ 방향으로 9씩 커집 니다.
11 큰 수는 10 큰 수에서 1 큰 수 를 9 큰 수는 10 큰 수에서 1 작은 수를 구하면 됩니다.

❷

33		
	44	
52	55	
63	74	
71	82	85
	93	

❶ 수 배열의 일부입니다. 색칠된 빈칸에 알맞은 수를 써넣으시오.

❶

41	42	43	44	45
51				55
61				65
71				75
81	82	83	84	85

❸

		37		49
46			58	
55		67		
	76			79
85				88
		97		

➌ 수 배열 규칙을 찾아 ○표 하고, 빈칸에 알맞은 수를 써넣으시오.

9 씩 커집니다. / 씩 작아집니다.

| 11 | 20 | 29 | 38 | 47 | 56 | 65 | 74 |

❶ **10** 씩 커집니다. / 씩 작아집니다.

| 95 | 85 | 75 | 65 | 55 | 45 | 35 | 25 |

❷ **11** 씩 커집니다. / 씩 작아집니다.

| 11 | 22 | 33 | 44 | 55 | 66 | 77 | 88 |

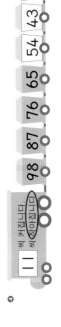

❸ **9** 씩 커집니다. / 씩 작아집니다.

| 90 | 81 | 72 | 63 | 54 | 45 | 36 | 27 |

❹ **11** 씩 커집니다. / 씩 작아집니다.

| 98 | 87 | 76 | 65 | 54 | 43 | 32 | 21 |

④ 주차

335 격자 배열

● 가로줄은 일의 자리, 세로줄은 십의 자리 숫자입니다. 빈칸을 채우시오.

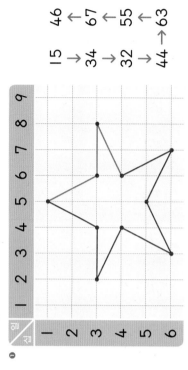

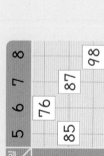

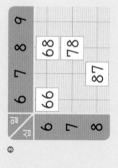

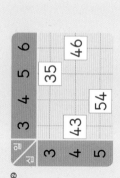

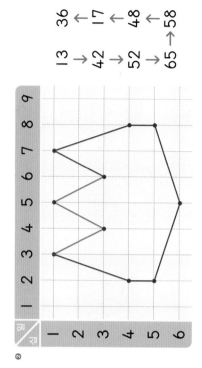

● 오른쪽 수에 맞게 점을 표시하고, 순서대로 점을 이어 그림을 완성하시오.

❶

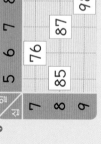

15 → 34 → 32 → 44 → 63
46 ← 67 ← 55

❷

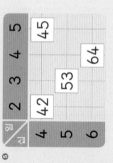

13 → 42 → 52 → 65 → 58
36 ← 17 ← 48

336 25칸 수 배열

● 수의 순서에 맞게 차례로 선을 그으시오.

51	52	53	54	55
66	67	68	69	56
65	74	75	70	57
64	73	72	71	58
63	62	61	60	59

❶

98	96	95	89	88
97	94	90	87	80
93	91	86	81	79
92	85	82	78	75
84	83	79	76	74

❷

36	37	38	39	40
45	44	43	42	41
46	47	48	49	50
55	54	53	52	51
56	57	58	59	60

❸

76	75	68	67	52
73	74	69	66	53
72	71	70	65	54
61	62	63	64	55
60	59	58	57	56

월 일

● 수의 순서에 맞게 빈칸에 알맞은 수를 쓰고, 차례로 선을 그으시오.

❶

59	62	63	74	75
60	61	64	73	76
67	66	65	72	77
68	69	70	71	78
83	82	81	80	79

68	77	78	87	88
69	76	79	86	89
70	75	80	85	90
71	74	81	84	91
72	73	82	83	92

❸

99	98	97	96	95
90	91	92	93	94
89	88	87	86	85
80	81	82	83	84
79	78	77	76	75

❷

71	72	76	77	85
73	75	78	84	86
74	79	83	87	92
80	82	88	91	93
81	89	90	94	95

P. 46

④ 주차

잘 공부했는지 알아봅시다

1 수 배열표의 일부입니다. 빈칸에 알맞은 수를 써넣으시오.

❶

56		
66		
76	77	78
	88	89

❷

		67		69	80
	76		78		
		87		89	
				98	100
	96				

수 배열표에서는 ↘ 방향으로 11씩 커지고 ✓ 방향으로 9씩 커집니다.

2 가로줄은 일의 자리, 세로줄은 십의 자리 숫자입니다. 오른쪽 수에 맞게 점을 표시하고, 순서대로 점을 이어 그림을 완성하시오.

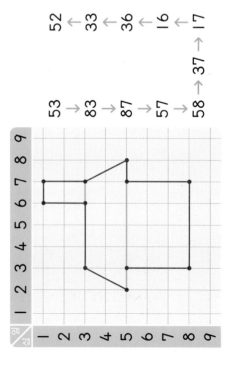

53 → 83 → 87 → 57 →
58 → 37 → 17

52 ← 33 ← 36 ← 16 ← 17

46

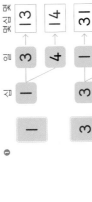

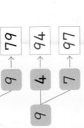

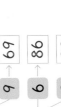
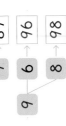
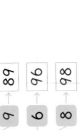
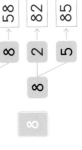

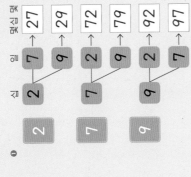
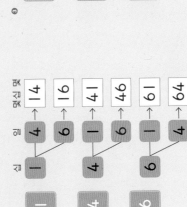
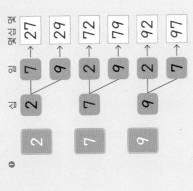

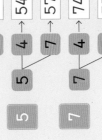
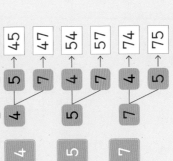

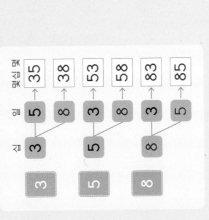

337 수 만들기 가지

● 숫자 카드 중 두 장을 사용하여 두 자리 수를 만드는 것입니다. 빈칸을 채우시오.

◆ 숫자 카드 중 두 장을 사용하여 두 자리 수를 만드는 것입니다. 빈칸을 채우시오. 숫자 카드의 순서가 정답과 달라도 두 자리 수 6개를 모두 만드는 경우 정답입니다.

338 수 만들기 계단

● 숫자 카드를 한 번씩 사용하여 만든 두 자리 수를 작은 수부터 밑에서부터 쓰시오.

5 2 3
53
52
35
32
25
23

① 4 1 6
64
61
46
41
16
14

② 6 9 4
96
94
69
64
49
46

③ 4 8 3
84
83
48
43
38
34

숫자 카드 세 장을 사용하여 만들 수 있는 두 자리 수는 모두 6개입니다. 두 자리 수 6개를 작은 수부터 차례로 써넣습니다.

● 숫자 카드를 한 번씩 사용하여 만든 두 자리 수를 작은 수부터 밑에서부터 쓰시오.

① 4 1 7
74
71
47
41
17
14

② 2 9 8
98
92
89
82
29
28

③ 5 3 6
65
63
56
53
36
35

3 7 5
75
73
57
53
37
35

339 최대 최소 수 만들기

● 숫자 카드를 한 번씩 사용하여 만들 수 있는 두 자리 수를 모두 쓰고, 가장 큰 수에 ○표, 가장 작은 수에 △표 하시오.

[3] [7] [2] △27, 32, 37, 72, ○73

① [5] [9] [2] △29, 52, 59, 92, ○95

② [5] [4] [6] △46, 54, 56, 64, ○65

③ [2] [9] [1] △19, 21, 29, 91, ○92

④ [4] [9] [5] △49, 54, 59, 94, ○95

⑤ [2] [8] [7] △28, 72, 78, 82, ○87

⑥ [3] [7] [4] △34, 37, 43, 47, 73, ○74

● 숫자 카드를 한 번씩 사용하여 만들 수 있는 두 자리 수 중에서 가장 큰 수와 가장 작은 수를 쓰시오.

[2] [5] [0] [7]
가장 큰 수 : 75
가장 작은 수 : 20

① [3] [1] [7] [6]
가장 큰 수 : 76
가장 작은 수 : 13

② [4] [8] [0] [7]
가장 큰 수 : 87
가장 작은 수 : 40

③ [9] [3] [4] [6]
가장 큰 수 : 96
가장 작은 수 : 34

④ [5] [0] [9] [1]
가장 큰 수 : 95
가장 작은 수 : 10

⑤ [1] [2] [8] [5]
가장 큰 수 : 85
가장 작은 수 : 12

5 주차 | 사고셈 | 정답 및 해설 | P.52 • P.53

5 주차

340 숫자 카드 조건

● 숫자 카드를 한 번씩 사용하여 조건에 맞는 수를 모두 구하시오.

①

| 조건 | 십의 자리 숫자가 4인 두 자리 수 |

| 5 | 4 | 9 |

45, 49

②

| 조건 | 50과 70 사이의 수 |

| 7 | 5 | 3 |

53, 57

③

| 조건 | 일의 자리 숫자가 7인 두 자리 수 |

| 3 | 1 | 7 |

17, 37

④

| 조건 | 70보다 작은 두 자리 홀수 |

| 3 | 1 | 8 |

13, 31

⑤

| 조건 | 60보다 큰 두 자리 수 |

| 5 | 1 | 6 |

61, 65

⑥

| 조건 | 50보다 큰 짝수 |

| 2 | 5 | 4 |

52, 54

숫자와 수는 다릅니다. 숫자 카드를 한 번씩 사용하여 조건에 맞는 수를 모두 구하시오. ❶ 숫자 카드 57에서 십의 자리 숫자는 5, 일의 자리 숫자는 7입니다.

①

| 조건 | 일의 자리 숫자가 5인 두 자리 수 |

| 7 | 3 | 5 | 2 |

25, 35, 75

②

| 조건 | 50보다 큰 짝수 |

| 6 | 2 | 5 | 9 |

52, 56, 62, 92, 96

③

| 조건 | 십의 자리 숫자가 3인 두 자리 수 |

| 7 | 4 | 3 | 0 |

30, 34, 37

④

| 조건 | 80보다 큰 두 자리 수 |

| 8 | 0 | 9 | 4 |

84, 89, 90, 94, 98

⑤

| 조건 | 70보다 작은 두 자리 홀수 |

| 6 | 4 | 7 | 3 |

37, 43, 47, 63, 67

❶

| 조건 | 30과 60 사이의 수 |

| 0 | 4 | 6 | 3 |

34, 36, 40, 43, 46

5 주차

잘 공부했는지 알아봅시다

월 일

1 숫자 카드를 한 번씩 사용하여 만들 수 있는 가장 큰 두 자리 수와 가장 작은 두 자리 수를 쓰시오.

| 8 | 0 | 2 | 7 |

가장 큰 두 자리 수 : 87
가장 작은 두 자리 수 : 20

2 숫자 카드를 한 번씩 사용하여 조건에 맞는 수를 모두 구하시오.

① 조건
40보다 작은 두 자리 홀수

| 1 | 9 | 4 | 3 |

13, 19, 31, 39

② 조건
십의 자리 숫자가 2인 두 자리 수

| 6 | 5 | 7 | 2 |

25, 26, 27

3 숫자 카드를 한 번씩 사용하여 만든 두 자리 수를 작은 수부터 밑에서부터 쓰시오.

| 4 | 8 | 5 |

85
84
58
54
48
45

341 조건과 수

◐ 왼쪽 수를 보고 알맞은 말에 ◯표 하시오.

36
- 30보다 (크고(○), 작고), 40보다 (큽니다, 작습니다(○)).
- 십의 자리 숫자가 일의 자리 숫자보다 (큽니다, 작습니다(○)).
- (홀수, 짝수(○))입니다.

❶ **57**
- 50보다 (크고(○), 작고), 60보다 (큽니다, 작습니다(○)).
- 십의 자리 숫자가 일의 자리 숫자보다 (큽니다, 작습니다(○)).
- (홀수(○), 짝수)입니다.

❷ **48**
- 50보다 (크고, 작고(○)), 40보다 (큽니다(○), 작습니다).
- 십의 자리 숫자는 6보다 (크고, 작고(○)), 일의 자리 숫자는 6보다 (큽니다(○), 작습니다).
- (홀수, 짝수(○))입니다.

❸ **99**
- 두 자리 수 중 가장 (큰(○), 작은) 수입니다.
- 십의 자리 숫자와 일의 자리 숫자가 (같습니다(○), 다릅니다).
- (홀수(○), 짝수)입니다.

❹ **64**
- 60보다 (크고(○), 작고), 70보다 (큽니다, 작습니다(○)).
- 십의 자리 숫자가 일의 자리 숫자보다 (큽니다(○), 작습니다).
- (홀수, 짝수(○))입니다.

◐ 조건에 맞는 수에 모두 ○표 하시오.

조건: 40보다 크고 50보다 작은 홀수

37, 45(○), 59, 49(○), 44, 50

범위 안의 수를 찾은 다음 일의 자리 숫자가 홀수인 수를 찾습니다.

❶ 조건: 십의 자리 숫자와 일의 자리 숫자가 같은 두 자리 수

33(○), 43, 57, 50, 66(○), 74

❷ 조건: 20보다 작은 두 자리 수 중 짝수

20, 18(○), 17, 12(○), 31, 52

❸ 조건: 십의 자리 숫자가 일의 자리 숫자보다 큰 수

37, 42(○), 65(○), 79, 13, 68

❹ 조건: 90보다 큰 두 자리 수 중 홀수

96, 91(○), 92, 77, 89, 97(○)

❺ 조건: 십의 자리 숫자가 6보다 큰 두 자리 수

27, 62, 69, 71(○), 94(○), 53

342 가로 세로 퍼즐

● 가로, 세로 열쇠를 이용하여 퍼즐을 푸시오.

① 그리드
7 ① | ② 1 | | ④ 9 | 1
③ 8 | | |
| | |

가로 열쇠
① 일흔둘보다 1 작은 수
③ 십의 자리와 일의 자리 숫자가 더 큰 수

세로 열쇠
② 십육보다 큰 짝수
④ 92보다 작은 홀수

② 그리드
5 ① | ③ 9 | | ④ 9 | 8
7 | ② 8 | 8

가로 열쇠
② 여든보다 1 작은 수
④ 십의 자리와 일의 자리 숫자가 같은 수

세로 열쇠
① 50보다 크고 60보다 작은 수
③ 가장 큰 두 자리 짝수

② 그리드
1 ① | ③ 3 | | ④ 9
8 | | 0

가로 열쇠
① 10보다 크고 20보다 작은 수
③ 십의 자리 숫자가 일의 자리 숫자보다 작은 수

세로 열쇠
② 서른보다 크고 마흔보다 다 작은 수
④ 10개씩 9 묶음

③ 그리드
4 ① | | |
5 ② | ③ 2 | |
④ 6 | 3

가로 열쇠
② 50과 54 사이에 있는 짝수
④ 일흔셋보다 10 작은 수

세로 열쇠
① 44와 46 사이에 있는 수
③ 십의 자리와 일의 자리 숫자의 합이 8

● 가로, 세로 열쇠를 이용하여 퍼즐을 푸시오.

① 2	② 6		③ 4	④ 8
	⑤ 3	⑥ 4		1
⑦ 9	⑧ 1		⑨ 8	
⑩ 9	⑪ 8	9	⑫ 7	⑬ 1
⑭ 6	9			0

가로 열쇠
① 스물여섯
③ 10개씩 4묶음과 낱개 8개
⑤ 마흔넷보다 10 작은 수
⑧ 16보다 큰 홀수
⑩ 십의 자리 숫자가 일의 자리 숫자보다 큰 두 자리 수
⑫ 예순아홉과 일흔셋 사이에 있는 홀수
⑭ 일흔보다 1 작은 수

세로 열쇠
② 61과 65 사이에 있는 홀수
④ 십의 자리 숫자와 일의 자리 숫자의 합이 9
⑥ 서른보다 1 큰 수
⑦ 십의 자리 숫자와 일의 자리 숫자가 같은 수
⑨ 십의 자리 숫자가 일의 자리 숫자보다 1 큰 수
⑪ 80보다 크고 90보다 작은 수
⑬ 두 자리 수 중 가장 작은 수

⑥ 주차

343　수 묶기 조건

● 조건에 맞는 두 자리 수가 되도록 이웃한 두 숫자를 ◯으로 묶으시오.

① 7 4 3 4 6 2

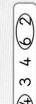

조건
• 짝수
• 십의 자리 숫자가 일의 자리 숫자보다 크다.

② 6 6 7 7 8 8

조건
• 50과 80 사이의 수
• 십의 자리 숫자가 일의 자리 숫자와 같다.

③ 8 7 9 9 8 1 5

조건
• 80보다 큰 두 자리 수
• 홀수

④ 4 5 4 7 2 8

조건
• 십의 자리 숫자와 일의 자리 숫자의 합이 9
• 쉰보다 크다.

⑤ 3 2 2 3 4 5

조건
• 마흔보다 작은 두 자리 수
• 십의 자리 숫자가 홀수

⑥ 8 7 2 8 1 5

조건
• 예순보다 크다.
• 홀수

62

월　일

❖ 조건에 맞는 두 자리 수가 되도록 이웃한 두 숫자를 ◯으로 묶으시오.

① 5 3 6
2 9 1
7 4 8

조건
• 30보다 크고 70보다 작다.
• 짝수

② 4 5 8
3 2 7
6 9 1

조건
• 40과 80 사이의 수
• 십의 자리 숫자가 일의 자리 숫자보다 크다.

③ 6 8 5
1 7 4
2 9 3

조건
• 홀수
• 쉰보다 작다.

④ 7 6 1
3 8 5
1 4 4

조건
• 십의 자리 숫자가 홀수
• 십의 자리 숫자가 일의 자리 숫자보다 작다.

344 조건에 맞는 수의 개수

◆ 조건에 맞지 않는 수를 모두 지우고, 남은 수(조건에 맞는 수)의 개수를 쓰시오.

조건
- 17보다 크고 30보다 작습니다.
- 십의 자리 숫자가 일의 자리 숫자보다 작습니다.
- 짝수입니다.

15 16 17 18 19 20
21 22 23 24 25 26
27 28 29 30 31 32

4 개

조건
- 여든다섯보다 큰 두 자리 수입니다.
- 십의 자리 숫자가 일의 자리 숫자보다 큽니다.
- 홀수입니다.

83 84 85 86 87 88
89 90 91 92 93 94
95 96 97 98 99 100

5 개

조건
- 서른둘과 마흔셋 사이의 수입니다.
- 십의 자리 숫자가 홀수입니다.
- 일의 자리 숫자가 5보다 큽니다.

29 30 31 32 33 34
35 36 37 38 39 40
41 42 43 44 45 46 47 48

4 개

조건
- 쉰둘보다 크고 예순넷보다 작습니다.
- 일의 자리 숫자가 6보다 작습니다.
- 홀수입니다.

49 50 51 52 53 54
55 56 57 58 59 60
61 62 63 64 65 66

4 개

◆ 조건에 맞는 두 자리 수를 모두 쓰고 개수를 구하시오.

✚ 여든보다 큰 두 자리 수 중 짝수

82, 84, 86, 88, 90, 92, 94, 96, 98

80보다 큰 수이므로 십의 자리 숫자는 8 또는 9이고, 짝수이므로 일의 자리 숫자는 0, 2, 4, 6, 8입니다.

9 개

● 일의 자리 숫자가 4인 두 자리 수 중에서 50보다 작은 수

14, 24, 34, 44

50보다 작은 두 자리 수이므로 십의 자리에 1, 2, 3, 4가 올 수 있습니다.

4 개

② 십의 자리 숫자와 일의 자리 숫자가 같은 두 자리 수

11, 22, 33, 44, 55, 66, 77, 88, 99

9 개

③ 스물보다 작은 두 자리 수 중 홀수

11, 13, 15, 17, 19

5 개

④ 43과 63 사이의 수 중에서 십의 자리 숫자가 일의 자리 숫자보다 큰 수

50, 51, 52, 53, 54, 60, 61, 62

8 개

⑥ 주차

잘 공부했는지 알아봅시다

1 조건에 맞는 수에 모두 ◯표 하시오.

❶

조건

80보다 큰 짝수

75	81	⑨2
⑧4	95	⑧6

십의 자리 숫자가 8 또는 9인 수 중
일의 자리 숫자가 0, 2, 4, 6, 8인
수에 ◯표 합니다.

❷

조건

일의 자리 숫자가 십의 자리
숫자보다 큰 수

⑤9	44	⑥7
43	⑧9	90

2 조건에 맞는 두 자리 수가 되도록 이웃한 두 숫자를 ◯으로 묶으시오.

조건

· 십의 자리 숫자가 홀수
· 십의 자리 숫자가 일의 자리 숫자보다 크다.

3 80보다 큰 두 자리 수 중 홀수는 모두 몇 개인지 구하시오. **10**개

81, 83, 85, 87, 89, 91, 93, 95, 97, 99

물건 사기

345

● 얼마입니까?

180 원

170 원

120 원

480 원

340 원

260 원

● 물건 값을 보고 동전의 개수에 맞게 100, 50, 10을 알맞게 써넣으시오.

① 610 원
100	100	100
100	50	50
50	50	10

❸ 470 원
100	100	100
50	50	50
50	10	10

❺ 530 원
100	100	100
100	100	10
10	10	10

❻ 190 원
| 100 | 50 | 10 |
| 10 | 10 | 10 |

50원과 10원을 먼저 만든 다음 나머지 동전으로 100원을 만듭니다.

❷ 470 원
100	100	50
50	50	10
50	10	10

50원과 10원으로 90원을 먼저 만든 다음 나머지 동전으로 100원을 만듭니다.

❹ 220 원
100	50	10
10	10	10
10	10	10

50원과 10원으로 70원을 먼저 만든 다음 나머지 동전으로 400원을 만듭니다.

⑦ 주차

저금통

346

● 얼마입니까?

880 원

820 원

520 원

790 원

660 원

930 원

월 일

620 원

100 100 100 50 10 10

500 50 10 10 10 10 10 10 10

910 원

500 100 100 50 50 50 50 10

840 원

500 100 100 100 10 10 10 10

770 원

500 100 100 10 10 10 10

100 100 100 100 50 10 10

580 원

100 100 100 50 50 10 10 10

670 원

500 50 50 50 10 10

● 금에 맞게 동전 안에 500, 100, 50, 10을 알맞게 써넣으시오.

어, 여러 가지 경우가 있습니다. 금에
맞으면 정답입니다.

10원으로 40원을 만든 다음 나머지
동전으로 800원을 만듭니다.

50원과 10원으로 70원을 만든 다음
나머지 동전으로 600원을 만듭니다.

347 자릿값

● 빈칸에 알맞은 수를 써넣으시오.

100이 8
10이 3   이면 836
1이 6

① 100이 7
10이 1   이면 714
1이 4

③ 100이 9
10이 4   이면 945
1이 5

⑤ 100이 6
10이 7   이면 678
1이 8

② 639는   100이 6
10이 3
1이 9

④ 527은   100이 5
10이 2
1이 7

⑥ 381은   100이 3
10이 8
1이 1

⑧ 219는   100이 2
10이 1
1이 9

❖ □ 안에 알맞은 수를 써넣으시오.

200+40+6=246

194=100+90+4

① 700+10+4=714

② 368=300+60+8

③ 600+30+9=639

④ 426=400+20+6

⑤ 800+10+7=817

⑥ 549=500+40+9

⑦ 300+20+4=324

⑧ 786=700+80+6

⑨ 500+80+7=587

⑩ 238=200+30+8

⑪ 400+90+8=498

⑫ 124=100+20+4

⑬ 300+70+1=371

⑭ 897=800+90+7

7 주차

348 수수께끼

◆ 왼쪽 수를 보고 알맞은 수나 말에 ◯표 하시오.

583
• (두 , 세) 자리 수입니다.
• 일의 자리 숫자는 (5 , 8 , ③)입니다.
• 500보다 (크고 , 작고), 600보다 (큽니다 , 작습니다).
• 각 자리 숫자가 모두 (다릅니다 , 같습니다).

❶ **789**
• (짝수 , 홀수)입니다.
• 십의 자리 숫자는 일의 자리 숫자보다 (크고 , 작습니다).
  자리 숫자보다 (큽니다 , 작습니다).
• 일의 자리 숫자는 (7 , 8 , ⑨)입니다.

❷ **415**
• 400보다 (크고 , 작고), 500보다 (큽니다 , 작습니다).
• 십의 자리 숫자와 백의 자리 숫자를 더하면 (백 , 십 , ⑩)의
  자리 숫자가 됩니다.
• (백 , 십 , 일)의 자리 숫자는 작수입니다.

❸ **242**
• 각 자리 숫자 중 가장 큰 숫자는 (백 , ⑩ , 일)의 자리 숫자입
  니다.
• 일의 자리 숫자는 십의 자리 숫자와 (같고 , 다릅니다) 백의
  자리 숫자와 (같습니다 , 다릅니다).
• (홀수 , 짝수)입니다.

74

◆ 나는 얼마입니까?

❶ **363**
• 일의 자리 숫자와 백의 자리 숫자
  가 같습니다.
• 300보다 크고 400보다 작습
  니다.
• 일의 자리 숫자와 백의 자리 숫자
  를 더하면 십의 자리 숫자입니다.

❷ **918**
• 세 자리 수입니다.
• 각 자리 숫자는 모두 다릅니다.
• 일의 자리 숫자는 8입니다.
• 십의 자리 숫자와 백의 자리 숫자
  를 더하면 백의 자리 숫자가 됩
  니다.

❸ **489**
• 400보다 크고 500보다 작은
  수입니다.
• 일의 자리 숫자가 백의 자리 숫자
  보다 5 큽니다.
• 십의 자리 숫자는 일의 자리 숫자
  보다 1 작습니다.

❹ **321**
• 400보다 작은 세 자리 수입니다.
• 각 자리 숫자는 모두 다릅니다.
• 십의 자리 숫자는 2입니다.
• 십의 자리 숫자와 일의 자리 숫자
  를 더하면 백의 자리 숫자가 됩
  니다.

❺ **981**
• 세 자리 수입니다.
• 각 자리 숫자는 모두 다릅니다.
• 십의 자리 숫자는 8입니다.
• 십의 자리 숫자와 일의 자리 숫자
  를 더하면 백의 자리 숫자가 됩니다.

❻ **555**
• 세 자리 수입니다.
• 각 자리 숫자가 모두 같습니다.
• 백의 자리 숫자와 일의 자리 숫자
  를 더하면 10입니다.

월 일

잘 공부했는지 알아봅시다

월 일

1 금액에 맞게 동전 안에 500, 100, 50, 10을 써넣으시오.

❶

500 100 50
50 10
10

720 원

10원으로 20원을 만든 다음 나머지 동전으로 700원을 만듭니다.

❷

500 100
100 100 50 10
10 10

880 원

50원과 10원으로 80원을 만든 다음 나머지 동전으로 800원을 만듭니다.

2 빈칸에 알맞은 수를 써넣으시오.

❶ 894는 100이 8 , 10이 9 , 1이 4 인 수입니다.

❷ 527은 100이 5 , 10이 2 , 1이 7 인 수입니다.

3 조건을 모두 만족하는 수를 쓰시오.

• 600과 700 사이에 있는 수입니다. → 백의 자리 숫자 6

• 십의 자리 숫자와 일의 자리 숫자의 합이 9입니다.

• 두 조건을 모두 만족하는 가장 큰 수입니다.

690

→ 합이 9인 두 수 : (0, 9), (1, 8), (2, 7), (3, 6), (4, 5)

→ 두 조건을 모두 만족하는 가장 큰 수이므로 십의 자리에 큰 수가 들어가야 합니다. → 690

⑦ 추차

76

P. 76

⑧ 주차

P. 78 ● P. 79

349 큰수 작은수

● 빈칸에 알맞은 수를 써넣으시오.

① 1 작은수 198 → 199 → 200 1 큰수

③ 10 작은수 566 → 576 → 586 10 큰수

⑤ 100 작은수 218 → 318 → 418 100 큰수

⑦ 20 작은수 607 → 627 → 647 20 큰수

⑨ 50 작은수 365 → 415 → 465 50 큰수

⑪ 200 작은수 534 → 734 → 934 200 큰수

1 작은수 373 → 374 → 375 1 큰수

② 10 작은수 714 → 724 → 734 10 큰수

④ 100 작은수 196 → 296 → 396 100 큰수

⑥ 20 작은수 431 → 451 → 471 20 큰수

⑧ 50 작은수 500 → 550 → 600 50 큰수

⑩ 200 작은수 175 → 375 → 575 200 큰수

● 빈칸에 알맞은 수를 써넣으시오.

① 10 작은수

388	378
427	417
593	583

③ 50 큰수

500	550
380	430
920	970

⑤ 1 큰수

981	982
785	786
876	877

⑥ 200 큰수

174	374
200	400
329	529

② 100 큰수

276	376
415	515
899	999

④ 20 작은수

501	481
332	312
630	610

350 뛰어 세기

● 뛰어 세기하여 빈칸에 알맞은 수를 써넣으시오.

 1씩 뛰어 세기
176 177 178 179 180 181

① 10씩 뛰어 세기
425 435 445 455 465 475

② 100씩 뛰어 세기
217 317 417 517 617 717

③ 50씩 뛰어 세기
251 301 351 401 451 501

④  2씩 뛰어 세기
984 986 988 990 992 994

❖ 뛰어 세기 규칙을 찾고, 빈칸에 알맞은 수를 써넣으시오.

 100 씩 뛰어 세기
285 385 485 585 685 785

① 5 씩 뛰어 세기
185 190 195 200 205 210

② 10 씩 뛰어 세기
174 184 194 204 214 224

③  1 씩 뛰어 세기
976 977 978 979 980 981

④  2 씩 뛰어 세기
186 188 190 192 194 196

⑧주차

351 자릿값 대소 비교

● ○ 안에 >, <를 써넣으시오.

763 ○< 772

② 517 ○> 513

④ 682 ○< 691

⑥ 937 ○> 747

⑧ 562 ○< 565

① 863 ○< 961

③ 345 ○< 417

⑤ 278 ○> 277

⑦ 315 ○< 321

⑨ 837 ○< 857

● □ 안에 들어갈 수 있는 숫자에 모두 ○표 하시오.

6 3 2 > 3 □ 2
7 ④ ③ 6 ⑤

① 8 7 5 > 8 □ 5
9 8 ⑤ ⑥ ④

② 6 1 □ > 6 1 6

⑧ ⑦ 5 9 6

③ 6 □ 7 > 6 1

0 ⑨ ⑤ ③ 7

⑤ 9 0 □ < 9 0 5
6 9 ③ ① ⓪

④ □ 6 < 4 5 6

② ④ 7 9 ⓪

⑦ □ 9 > 4 1 9
5 ⑦ 1 ⑥ 2

⑨ 5 4 □ > 5 6 4
⑧ 3 ⑨ ⑦ 6

352 세 자리 수 만들기

● 숫자 카드를 사용하여 세 자리 수를 만든 것입니다. 빈칸을 채우시오.

❶ 카드 1 2 9

백	십	일	세 자리 수
1	2 — 9	→ 129
	9 — 2	→ 192
2	1 — 9	→ 219
	9 — 1	→ 291
9	1 — 2	→ 912
	2 — 1	→ 921

 카드 3 6 7

백	십	일	세 자리 수
3	6 — 7	→ 367
	7 — 6	→ 376
6	3 — 7	→ 637
	7 — 3	→ 673
7	3 — 6	→ 736
	6 — 3	→ 763

❸ 카드 2 7 8

백	십	일	세 자리 수
2	7 — 8	→ 278
	8 — 7	→ 287
7	2 — 8	→ 728
	8 — 2	→ 782
8	2 — 7	→ 827
	7 — 2	→ 872

❹ 카드 4 5 8

백	십	일	세 자리 수
4	5 — 8	→ 458
	8 — 5	→ 485
5	4 — 8	→ 548
	8 — 4	→ 584
8	4 — 5	→ 845
	5 — 4	→ 854

● 숫자 카드 중 세 장을 사용하여 조건에 맞는 세 자리 수를 만드시오.

❶ 3 0 4 9 2
가장 큰 세 자리 수 943

❷ 2 7 1 6 5
가장 작은 세 자리 수 125

❸ 9 7 2 6 5
일의 자리 숫자가 2인 가장 큰 세 자리 수 972

❹ 8 4 7 3 1
백의 자리 숫자가 7인 가장 큰 세 자리 수 784

❺ 1 0 4 7 2
백의 자리 숫자가 7인 가장 작은 세 자리 수 701

❻ 3 6 5 4 8
십의 자리 숫자가 5인 가장 작은 세 자리 수 354

❼ 5 6 1 3 8
가장 작은 세 자리 수 135

❽ 2 0 5 8 1
가장 큰 세 자리 수 852

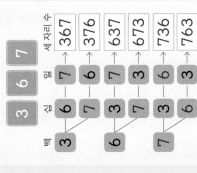

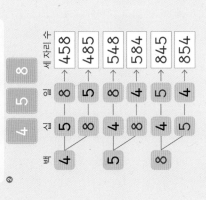
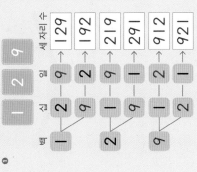
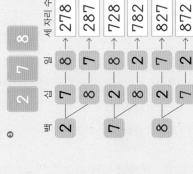

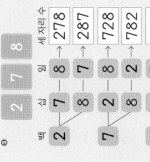

⑧ 주차

잘 공부했는지 알아봅시다

1 숫자 카드 중 세 장을 사용하여 만들 수 있는 가장 큰 세 자리 수와 가장 작은 세 자리 수를 쓰시오.

| 0 | 9 | 4 | 8 | 5 |

가장 큰 세 자리 수 : **985**

가장 작은 세 자리 수 : **405**

가장 큰 세 자리 수를 만들 때에는 가장 큰 숫자를 백의 자리에, 두 번째 큰 숫자를 십의 자리에, 세 번째 큰 숫자를 일의 자리에 씁니다. 가장 작은 세 자리 수를 만들 때에는 가장 작은 숫자를 백의 자리에, 두 번째 작은 숫자를 십의 자리에, 세 번째 작은 숫자를 일의 자리에 씁니다. 단, 0이 있는 경우에는 0을 십의 자리에 쓰고 두 번째 작은 숫자를 백의 자리에 씁니다.

2 □ 안에 들어갈 수 있는 숫자를 모두 쓰시오.

❶ 4□9 < 436

0, 1, 2

일의 자리 숫자 9>6이므로 □ 안에
는 3보다 작은 0, 1, 2가 들어갈 수
있습니다.

❷ □38 > 712

7, 8, 9

십의 자리 숫자 3>1이므로 □ 안에
는 7부터 9까지의 숫자가 들어갈 수
있습니다.

3 빈칸에 알맞은 수를 쓰시오.

❶
큰 수

20	540
520	750
730	900
880	

❷
작은 수

100	826
926	249
349	900
1000